Werner Huß

KARTHAGO

W0077060

Verlag C. H. Beck

Mit 5 Karten und 1 Abbildung

1. Auflage. 1995
2., durchgesehene Auflage. 2000

3., durchgesehene Auflage. 2004

Originalausgabe
© Verlag C. H. Beck oHG, München 1995
Gesamtherstellung: Druckerei C. H. Beck, Nördlingen
Umschlagentwurf: Uwe Göbel, München
Printed in Germany
ISBN 3 406 39825 1

www.beck.de

Inhalt

Verzeichnis der Karten

Vorwort

Der Aufforderung des Verlags, ein „Destillat" des Handbuchs „Geschichte der Karthager" (München 1985) herzustellen, kam ich nur zögernd nach, zumal ich mir darüber im klaren war, daß dem „Destillat" einige neuere Ingredienzien beizumischen sein würden. Einerseits reizte die Aufgabe, andererseits mußte eine drängende andere Verpflichtung zurückgestellt werden. Letzten Endes siegte jedoch die Einsicht, daß die vom Verlag angeregte Arbeit getan werden mußte. Ich hoffe, sie findet wenigstens den gemäßigten Beifall der Leser.

Ich habe zu danken. Und ich tue dies gerne. Ich danke Herrn Dr. Stefan von der Lahr, der das Bändchen betreut hat, Frau Helga Ferch, die das Manuskript geschrieben hat, und Herrn Christian Lange, der die Karte „Das karthagische Reich und sein Umfeld" gestaltet hat.

Noch einige technische Hinweise: Die Zeitangaben beziehen sich – soweit nicht anderes vermerkt ist – auf die Zeit vor Christi Geburt. Die Ortsnamen werden im Text möglichst in der antiken (meist griechischen) Form wiedergegeben. Die modernen Namensformen sind, sofern antike und moderne Orte konvertibel sind, aus dem Register zu ersehen.

Bamberg, 22. Februar 1995   *Werner Huß*

Phoinikisches Kriegsschiff des 7. Jhs. (Palast des Sanherib in Ninive)
aus: Auctores varii, I Fenici [Catalogo della Mostra],
hg. v. M. Andreose, Milano 1988, 73. Photo: Fabbri Editori, Mailand.

Einführung

Was war Karthago neben Athen, Alexandreia, Rom? Dem heutigen Besucher dieser Orte könnte sich der Verdacht aufdrängen: fast ein Nichts! Doch wer so dächte, würde irren, würde aus den Spuren, die der Wind der Geschichte im Golf von Tunis größtenteils zugeweht hat, die falschen Schlüsse ziehen. Karthago war – in antiken Dimensionen – eine Weltstadt und eine Großmacht. Dies haben die Menschen der Antike nie vergessen. Rund 100 Jahre nach dem Untergang der Stadt schrieb Cicero: „Ohne klare politische Grundsätze hätte Karthago nicht etwa 600 Jahre lang eine so gewaltige Machtstellung besessen." Das Wissen darum, was Karthago war, war in seiner Zeit durchaus noch lebendig. Und dieses Wissen blieb lebendig – schon deswegen, weil die in augustischer Zeit neu erbaute Stadt, die selbstredend einen rein römischen Charakter erhielt, in kurzer Zeit einen beträchtlichen Aufschwung nahm und bis zum Ende der Antike zu den bedeutendsten Städten des römischen Reichs zählte.

Erst im Mittelalter fiel Karthago weithin dem Vergessen anheim, und es dauerte im Grunde bis zum Beginn des 19. Jhs., bis die Stadt – im historischen Bewußtsein – auferstand. Heute allerdings stößt Karthago wieder auf breiteres Interesse. Dies hat mehrere Gründe: die Lektüre der klassischen Autoren in den zahlreichen humanistischen Gymnasien des 19. und 20. Jhs., bei der man zwangsläufig immer wieder auf den Namen Karthago stieß; der anhaltende Aufschwung der Semitistik seit den Tagen eines Gesenius (1786–1842) und eines Renan (1823–1892); die zunehmende Erkenntnis von der historischen Bedeutung der sog. Randkulturen des Mittelmeerraums; und schließlich die überraschenden und großartigen Fortschritte, die die Archäologie auf phoinikischem und punischem Boden erzielt hat – nicht zuletzt auf dem Boden Karthagos selbst.

Der Verfasser hofft, daß auch das vorliegende Bändchen das Phänomen Karthago in die richtigen historischen Dimensionen rückt und damit das Interesse an einer antiken Stadt vertieft, deren Geschichte auch heute noch – vielleicht gar heute in besonderer Weise! – zu denken gibt.

I. Ursprünge und Anfänge

Karthago (Qrt ḥdšt, d.h. „neue Stadt") wurde von Bürgern
der alten und mächtigen phoinikischen Stadt Tyros an der
Stelle des heutigen Vororts Carthage der tunesischen Metro-
pole gegründet. Diese Gründung ist im Rahmen der weitaus-
greifenden, im 9./8. Jh. einsetzenden phoinikischen Kolonisation zu sehen, die ihre weltgeschichtlichen Parallelen in der
Großen griechischen Kolonisation, in der arabischen Expansion und in der europäischen Expansion und Kolonisation
findet. Vorausgegangen war dieser Zeit der Kolonisation eine
präkoloniale Phase der Expansion, in der verschiedene phoinikische, an der Küste des heutigen Libanon liegende Städte
ein Netz von Handelsstützpunkten über den mittelmeerischen,
ja teilweise den transgibraltarischen Raum breiteten. Sie legten – teils am Rande bestehender Siedlungen, teils in von der
Natur geschützten Lagen – Kontore an, in deren Zentren sie
Heiligtümer ihrer großen Gottheiten errichteten. Dieser prä-
kolonialen Phase im engeren Sinn scheint eine – wohl im
11. Jh. beginnende – Zeit der tastenden, aber energischen Versuche, über den Fernhandel wertvolle Güter, insbesondere
Metalle, ins Land zu holen, vorausgegangen zu sein. Zu dieser
Zeit waren die phoinikischen Handelsleute gezwungen, die
Häfen fremder Völker anzusteuern. Damals – spätestens damals – werden sie die Kunst gelernt haben, Arrangements zu
treffen.

In der „klassischen" Zeit der phoinikischen Expansion – in
der Zeit der Kolonisation – besaßen die Phoiniker in folgen-
den Gegenden Kontakte, Kontore oder Kolonien: auf Zypern
(insbesondere Kition), in Assyrien, in Anatolien, im ägäischen
Raum, auf Sizilien (Motye, Panormos und Solus), auf
Kossura, auf Melite, auf Gaulos, auf Sardinien (Karalis, Nora,
Bitia, Sulkoi, Tharros und Bosa), auf der Apenninischen
Halbinsel und den ihr vorgelagerten Inseln (Pithekussai), auf
der Iberischen Halbinsel und auf den Balearen (Gades und ein
Kranz von an der Südküste Spaniens liegenden, namentlich

meist unbekannten Städten), auf Madeira (?), in Marokko (Tingis, Lixos, Mogador), in Algerien, in Tunesien (außer Karthago und Ityke wohl Hippon Diarrhytos, Adrymes und Leptis Minor) und in Libyen (wahrscheinlich Sabratha, Oea und Leptis Magna). Ja sogar auf dem Boden „Roms", auf dem Boden der Stadt, die später die entscheidende Antagonistin Karthagos werden sollte, dürften sich phoinikische Kaufleute niedergelassen haben; sie scheinen auf dem Forum Boarium die Ara Maxima, ein Heiligtum ihres Gottes Milkart, errichtet zu haben.

Die im Mittelmeer herrschenden Strömungsverhältnisse deuten darauf hin, daß die Phoiniker normalerweise bei ihren Fahrten in den Fernen Westen eine Route benützten, die über Zypern, Griechenland, Unteritalien und Sizilien führte, und bei ihren Fahrten in die Heimat die Route, die entlang der nordafrikanischen Küste verlief. Mit anderen Worten: Die Phoiniker scheinen gewöhnlich, wenn sie beispielsweise nach Karthago fuhren, nicht die Mittelmeerküste Ägyptens passiert zu haben, sondern ungefähr die Route Zypern – Rhodos – Itanos – Kythera – Methone – Kyllene – Kephallenia – Leukas – Onchesmos – Brundisium – Taras – Kroton – Messana – Panormos – Motye gewählt zu haben. Für diese Annahme spricht auch die Tatsache, daß Homeros – genauer: der Verfasser der Odyssee – einen phoinikischen Kaufmann, der in Libyen Geschäfte abzuwickeln hat, nicht über das Delta-Gebiet, sondern über Kreta nach Libyen fahren läßt.

Allem Anschein nach unterschieden sich die phoinikischen Kolonien von den griechischen Städtegründungen u. a. dadurch, daß sie den Metropolen – jedenfalls in den Anfängen – verwaltungstechnisch und damit politisch untergeordnet waren. Wir kennen keinen einzigen König einer phoinikischen Kolonie – das Wort im strengen Sinne genommen. Wir kennen aber wohl einen „Statthalter" einer phoinikischen Kolonie: „'ḥtb, Statthalter von Karthadascht [Zypern], Sklave des Hiram, des Königs der Sidonier". Ob es von dieser Regel Ausnahmen gegeben hat – etwa im Falle Karthagos –, ist fraglich. Die Abhängigkeit der phoinikischen Kolonien von den Metropolen tritt besonders darin zutage, daß die Kolonien zur Zahlung von „Abgaben" an die Metropolen verpflichtet waren. Daß die Tochterstädte von den Mutterstädten in Abhängigkeit gehalten wurden, wird vielleicht auch darin sichtbar, daß ägyptische, assyrische, neubabylonische und persische Könige, die in Phoinikien Eroberungen gemacht oder Einfluß gewonnen hatten, Ansprüche auch auf die Herrschaft über die westlichen Kolonien erhoben.

Am besten sind wir über die Verbindungen unterrichtet, die zwischen Karthago und Tyros existierten: Der jährlich zu entrichtende Tribut ist nicht nur unter religiösen, sondern auch unter ökonomischen und politischen Aspekten zu sehen. Politische Veränderungen im Bereich des Vorderen Orients führten allerdings dazu, daß die Kolonien dazu übergingen, die Intensität der Bindungen an die Mutterstädte den veränderten Umständen anzupassen.

Wozu aber gründeten tyrische Kolonisten – der Legende nach unter der Führung der Prinzessin Elissa oder Dido – Karthago? Die Antwort auf diese einfache Frage fällt schwer. Sie fällt umso schwerer, je deutlicher man sich vor Augen stellt, daß in der Nähe des in Aussicht genommenen Siedlungsplatzes bereits eine phoinikische Kolonie existierte – Ityke. Gewiß war es nicht – wie etwa in den Fällen Zypern, Sardinien und Spanien – die Aussicht, im Hinterland der „neuen Stadt" auf reiche Metallvorkommen zu stoßen; denn derartige Vorkommen gab es dort nicht. Die Tatsache, daß wir aufgrund der neuesten Grabungen und Sondagen darüber informiert sind, daß zumindest die Stadt des 8. Jhs. – wenn nicht gar die Stadt der Gründungszeit – ein Areal von mindestens 55 ha umfaßt hat, erleichtert die Antwort auf die gestellte Frage nicht. Die Größe gibt zu denken. Sollte Karthago gegenüber allen anderen phoinikischen Gründungen von Anfang an – darauf kommt es hier an! – eine Sonderrolle zugedacht gewesen sein? Noch zweifle ich, derartiges anzunehmen. Und wenn ja, worin sollte diese Sonderrolle bestanden haben? Wir wissen es nicht. Begnügen wir uns daher mit Vermutungen: Karthago konnte eine Klammerfunktion zwischen dem levantinischen Osten und dem Fernen Westen ausüben. Über Karthago konnte aber auch der afrikanische Handel intensiviert werden. Und die Topographie Karthagos bot günstige Voraussetzungen für den Bau von Befestigungs- und Hafenanlagen. Daß eine von Assur ausgehende militärische Bedrohung von Tyros bei der Gründung der Stadt eine Rolle gespielt hat, ist jedoch unwahrscheinlich; denn Tyros geriet erst in der Zeit Tiglatpilesars III. (745–727) in einen ernsthaften und offenen Konflikt zu Assur.

Damit ist die Frage der Zeit der Stadtgründung angesprochen. Aus der großen Zahl der diesbezüglichen literarischen Nachrichten sind drei Berichte herauszuheben. Philistos von Syrakosai behauptet, Karthago sei kurze Zeit vor dem Troianischen Krieg – etwa um 1215 – gegründet worden. Dieses Datum entstammt aber sicherlich dem Bestreben, legendäre Zeitangaben zu systematisieren, und ist daher – historisch gesehen – ohne Bedeutung. Timaios von Tauromenion setzt das Gründungsjahr Karthagos in das 38. Jahr vor der ersten Olympiade (776), d. h. (bei exklusiver Zählweise) in das Jahr 814/13 oder (bei inklusiver Zählweise) in das Jahr 813/12. Nach Menandros von Ephesos wurde Karthago im siebten Jahr des tyrischen Königs Pygmalion gegründet. Nach menandrischen, biblischen und assyrischen Daten entspricht dieses Jahr einem Jahr der Zeitspanne 825–820, steht also in enger Nähe zum timaiischen Gründungsdatum, ohne von diesem literarisch abhängig zu sein. Die archäologischen Funde der neuesten Zeit widersprechen dem timaiischen bzw. menandrischen Gründungsdatum nicht, scheinen es vielmehr eher zu bestätigen.

Bisher wurde keine Spur der ursprünglichen phoinikischen Siedlung Karthago gefunden. Berücksichtigt man jedoch, in welchen Gegenden die Fundstellen der ältesten archäologischen Zeugnisse liegen, und bedenkt man, daß den Neuankömmlingen sicherlich an einer günstigen Schiffslände gelegen war, so können nur drei Gebiete der karthagischen Halbinsel als ursprüngliche Siedlungsgebiete in Betracht gezogen werden: das Gebiet in der Nähe der Hügelnekropolen mit dem

Strand von Bordj Djedid, das Gebiet Salambo mit der Baie du Kram und das Gebiet Hügel des hl. Ludwig – Salambo mit der Baie du Kram. Gegen die Ansicht, der Strand von Bordj Djedid sei die ursprüngliche Lände Karthagos gewesen, läßt sich jedoch insbesondere einwenden, daß dieser Strand gegen die unangenehmen Nord-Ost-Winde weithin ungeschützt war – eine Tatsache, die den seeerfahrenen Phoinikern wohl nicht verborgen geblieben ist. So wird man annehmen dürfen, daß die ersten Siedler in der Baie du Kram an Land gegangen sind und dort die frühesten Baulichkeiten errichtet haben. Die Nähe des in die archaische Zeit zurückreichenden Tofet scheint diese Ansicht zu bestätigen. Fraglich ist allerdings, ob bereits der Hügel des hl. Ludwig, der mit der antiken Byrsa zu identifizieren ist und der etwa 1 km von der Baie du Kram entfernt liegt, in das früheste Siedlungsgebiet einbezogen war. Definitiv wird sich diese Frage kaum je entscheiden lassen, da die Römer bei der Neugestaltung des Plateaus der Byrsa die alten Schichten weithin abgetragen haben. Die Berücksichtigung der Tatsache, daß die Phoiniker auch sonst bei der Anlage ihrer Kolonien fortifikatorische Gesichtspunkte beachtet haben, läßt jedoch die Annahme einer wie auch immer gearteten Besiedlung der Byrsa als nicht unvernünftig erscheinen. Ja diese Annahme drängt sich aufgrund neuer Funde geradezu auf: Wir wissen nunmehr, daß nicht nur die südöstlichen und östlichen Abhänge der Byrsa, sondern auch die südlich, östlich und nordöstlich der Byrsa liegenden Areale bereits in archaischer Zeit besiedelt waren.

Werfen wir bei dieser Gelegenheit einen Blick in die spätere Geschichte der Stadtentwicklung! Seit der „klassischen" Zeit bestand Karthago aus mindestens drei Stadtteilen: aus der Byrsa, der Unterstadt und der Vorstadt (Megara). Die Unterstadt scheint die Gebiete in der Nähe des Kothons, des Kriegs- und Handelshafens, und darüber hinaus vielleicht die Viertel bis zum Fuß der Byrsa umfaßt zu haben. Die Vorstadt, die mit der „Neapolis" (Diodoros von Agyrion) identisch sein dürfte, erstreckte sich westlich und nördlich der Altstadt – auch das Viertel von Gamarth gehörte zu ihr. Sie hatte den Charakter eines weitläufigen Areals von Gutshöfen. – Über die Lage von Straßen und Plätzen und sakralen und profanen Gebäuden sind wir nur in einigen Punkten unterrichtet. Während sich der sog. Tofet, der Kultbezirk des Baal Hamon bzw. der Tinit und des Baal Hamon, westlich des Handelshafens befand, lag die Agora wohl nördlich oder nordwestlich des Kriegshafens. Das Rathaus mag am Rande der Agora und der Tempel des Reschep in der Nähe der Agora gestanden sein. Von der Agora aus führten drei Straßen zur Byrsa hinauf. Auf ihr erhob sich der Tempel des Eschmun, der über 60 Stufen zu erreichen war und der die anderen Heiligtümer der Stadt an Pracht übertraf. Der Standort der übrigen zahlreichen Heiligtümer ist uns unbekannt – vielleicht mit Ausnahme des Standorts des Tempels des Reschep, wenn ein in jüngster Zeit angegrabenes Heiligtum mit diesem Tempel identifiziert werden darf, und vielleicht mit Ausnahme des Standorts des Tempels der Aschtart und der „Tinit im Libanon", der sich im nordnord-östlichen Teil des Bordj Djedid befand, falls vom Fundort einer Bauinschrift auf den Standort des Heiligtums geschlossen werden darf.

Im übrigen war das Stadtbild zu einem wesentlichen Teil von hohen, teilweise sechsstöckigen Gebäuden und engen Straßen bestimmt. – Im Norden der Altstadt zogen sich in einer großen Schleife die Städte der Toten hin: der Hügel der Byrsa, der Hügel der Iuno, die Gegenden von Douïmès und Dermech, der Hügel des Odeum, die Gegend des Bordj Djedid und der Hügel in der Nähe von Sainte-Monique. Das Nekropolen-Areal wurde vom 7. bis zum 2. Jh. angelegt und von Süden nach Norden erweitert.

Die karthagischen Einwanderer waren Phoiniker. Blieben sie Phoiniker? Oder anders ausgedrückt: Was ist „phoini-kisch", was „punisch"? Bis zu einem gewissen Grad handelt es sich hier um eine Frage der Sprachregelung. Ich halte es für sinnvoll, die Karthager der Frühzeit als Phoiniker und die Karthager, die seit dem 7. Jh. in einer eigenständigen politi-schen und kulturellen Entwicklung begriffen waren, als Punier zu bezeichnen.

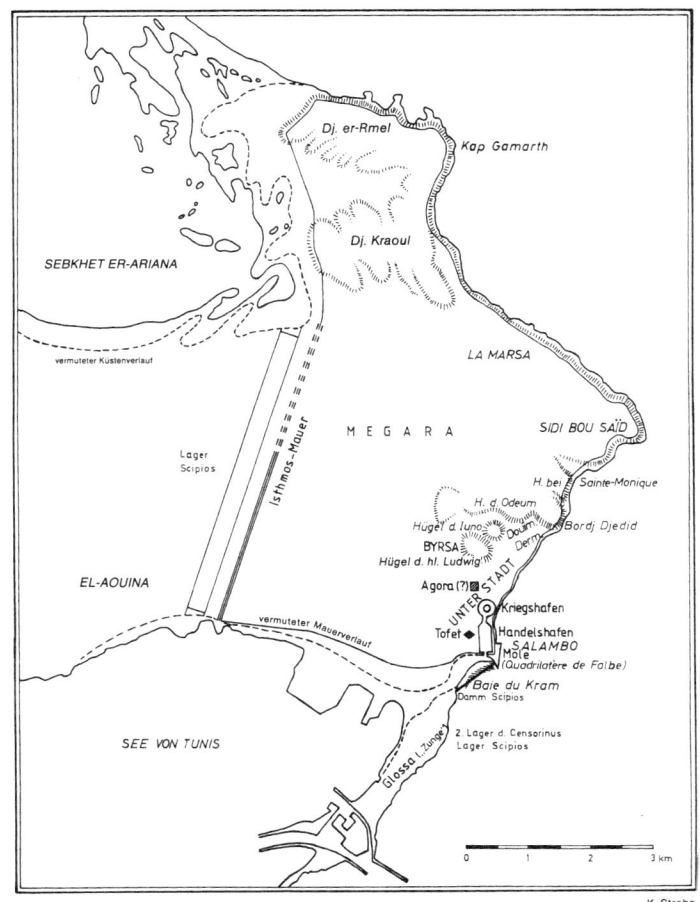

1. Karthago im 3. und 2. Jh. v. Chr.

Wenn auch eine restlos befriedigende Antwort auf die Frage, in welchem Maß Phoiniker und Libyer auf dem Boden Nordafrikas zu einer neuen ethnischen Einheit zusammengewachsen sind, kaum zu geben ist, so soll diese Frage doch wenigstens angeschnitten werden. Es ist anzunehmen, daß die

Phoiniker schon bald nach der Gründung ihrer Kontore und Kolonien Angehörige ihrer Wirtsvölker ehelichten. Was Karthago angeht, so wissen wir immerhin, daß sich in der Zeit des 3. und 2. Jhs. Angehörige der höheren punischen und der höheren libyschen Schichten verwandtschaftlich verbanden. Im übrigen wird auch aus dem relativ umfangreichen libyschen, aus Karthago stammenden Personennamenmaterial deutlich, daß das libysche Element in der Stadt stark vertreten war.

II. Wachstum

Die Geschichte der ersten Jahrhunderte Karthagos ist weithin in Dunkel gehüllt. Wir wissen nur, daß die Stadt – nach einer Periode der Stabilisierung – aufgrund ihrer weitreichenden und intensiv gepflegten Handelsbeziehungen einen verhältnismäßig raschen Aufschwung nahm, der sich nicht zuletzt in der Anlage von Faktoreien und Kolonien zeigte. Mögen diese karthagischen Aktivitäten auch mit der Tatsache zusammengehangen sein, daß Tyros seit der Zeit Tiglatpilesars III. (745–727) unter zunehmenden assyrischen Druck geraten war und daher seine Interessen im Westen nicht mehr mit dem gebotenen Nachdruck hatte vertreten können, so wäre es doch sicherlich verkehrt, die spätestens in der Mitte des 7. Jhs. einsetzende karthagische Expansion allein auf die Schwäche der Mutterstadt zurückzuführen, zumal Tyros auch in der folgenden Zeit seine Kontakte zu den westlichen Stützpunkten nicht abbrechen ließ. Die Triebkräfte der ausgreifenden karthagischen Politik müssen vielmehr in den inneren Verhältnissen Karthagos selbst gelegen sein. Beide Expansionsströme, der ostphoinikische und der punische, scheinen eine Zeitlang in getrennten Betten geflossen zu sein. Im übrigen ist durchaus mit der Möglichkeit zu rechnen, daß auch andere westphoinikische Zentren – wie etwa Ityke – eine expansive Politik verfolgt haben. Karthago aber ist es in zunehmendem Maße gelungen, die phoinikischen Expansionsbewegungen zu koordinieren und die diversen westphoinikischen Stützpunkte und Kolonien in einem großen „Reich" zusammenzufassen.

Bedauerlicherweise fehlen literarische oder epigraphische Nachrichten, die uns über die zeitliche Abfolge der karthagischen Expansion bzw. Kolonisation informierten, fast vollständig. Immerhin hat uns Timaios die Notiz hinterlassen, daß die Karthager im Jahre 654/53 bzw. 653/52 die Siedlung Ebusos gegründet haben. Sie gewannen dadurch einen wichtigen Stützpunkt auf dem Weg nach Spanien. Allerdings darf nicht verschwiegen werden, daß eine wachsende Zahl von

Forschern die von Timaios berichtete Gründung von Ebusos nicht auf die Karthager, sondern auf andere Phoiniker bzw. Punier zurückführt.

1. Sizilien

Auf Sizilien scheinen die Karthager zu der Zeit, zu der der Knidier Pentathlos den vergeblichen Versuch unternahm, in der Gegend des Vorgebirges Lilybaion Knidier und Rhodier anzusiedeln und damit auch den äußersten Westen der Insel griechischen Siedlern zu erschließen – es war die Zeit der 50. Olympiade (580/76) –, noch keinen nennenswerten Einfluß besessen zu haben; denn sie waren in die Auseinandersetzung, in der auf der einen Seite die Selinuntier und Pentathlos und auf der anderen Seite die (segestaiischen) Elymer und die Phoiniker von Motye, Panormos und Solus standen, offensichtlich nicht verwickelt.

Einige Jahrzehnte – möglicherweise auch nur einige Jahre – nach der Niederlage des Pentathlos änderte sich die Situation. Nunmehr baten anscheinend die westphoinikischen und vielleicht auch die elymischen Städte, die durch die expansive Politik griechischer Städte – hier sind insbesondere Selinus und Akragas zu nennen – in Bedrängnis geraten waren, um ein Eingreifen der Karthager. Und die Karthager sagten ihre Hilfe zu. Der karthagische General Malchus kämpfte erfolgreich auf der Insel und legte die Grundlage dafür, daß sich die Westphoiniker Siziliens noch jahrhundertelang als politische Kraft behaupten konnten. Allerdings büßten die sizilischen Verbündeten der Karthager aufgrund des karthagischen Eingreifens einen Teil ihrer bisherigen Unabhängigkeit ein. Ihr Gebiet wurde karthagischer Einflußbereich (Epikrateia). Diese Entwicklung ist zwar nicht ausschließlich, aber doch teilweise vor dem Hintergrund des Falls von Tyros (573/72) zu sehen: Tyros war nicht mehr in der Lage, den Schutz seiner Kolonien zu garantieren. Der „provinziale" Status der punischen Städte Siziliens zeigte sich insbesondere auf dem Gebiet der Außenpolitik und des Tributwesens.

2. Sardinien

Eine gewisse Wahrscheinlichkeit spricht dafür, daß die Karthager in der Mitte des 6. Jhs. nicht von sich aus militärisch auf Sardinien eingriffen, sondern von den auf Sardinien wohnenden Westphoinikern, die sich einer starken Offensive der einheimischen Sarden gegenübergestellt sahen, um Hilfe gebeten wurden und daß sie zunächst nicht bestrebt waren, Stützpunkte oder Kolonien auf der Insel zu errichten. Ihre militärischen Aktivitäten stießen allerdings auf starken Widerstand: Malchus mußte eine empfindliche Niederlage hinnehmen, die schließlich zu seiner Entmachtung führte. Möglicherweise gehörte Hanno der Sabeller der politischen Gruppe an, deren Vertreter Malchus ausgeschaltet hatten. Jedenfalls spielte er in der Zeit nach Malchus die bedeutendste Rolle im politischen Leben Karthagos. Er festigte die staatliche Ordnung, stellte das Militärwesen auf eine neue Grundlage und betrieb eine expansive Außen- und Handelspolitik. Die Bedeutung, die Hanno in einer wichtigen Phase des Ausbaus des karthagischen Reichs erlangte, ist kaum zu überschätzen.

Es ist denkbar, daß Hanno auch mit den Ereignissen befaßt war, in deren Mittelpunkt die Stadt Aleria (Korsika) stand. Diese Stadt, die ungefähr im Jahre 565 von Phokaiern gegründet worden war, hatte etwa im Jahre 545 durch den Zuzug neuer phokaiischer Siedler, die sich der Herrschaft des persischen Königs durch die Auswanderung entzogen hatten, einen neuen Aufschwung erfahren. Von Aleria aus störten die Phokaier die handelspolitischen Kreise der Karthager und Etrusker – nicht zuletzt durch zahlreiche Kaperfahrten. Diese Mächte sahen sich daher gezwungen, den phokaiischen Aktivitäten im Tyrrhenischen und im Sardischen Meer entgegenzutreten. Um den Erfolg ihrer Absichten sicherzustellen, schlossen sie etwa 540 ein Bündnis. Im Sardischen Meer trafen dann die Flotten der Karthager und Etrusker einerseits – beide Mächte hatten je 60 Schiffe gestellt – und die Flotte der Phokaier andererseits – die Zahl ihrer Schiffe betrug ebenfalls 60 – aufeinander. Die Verbündeten errangen einen eindeutigen Sieg: Sie versenkten 40 Schiffe und setzten die restlichen 20 Schiffe außer Gefecht. Nach dieser Schlacht waren die Karthager eher als bisher in der Lage, störende Faktoren von ihren Einflußgebieten fernzuhalten. Vielleicht vereinbarten sie mit den Etruskern die gegenseitige Anerkennung von Interessensphären. War dies der Fall, dann dürfte Sardinien zur karthagischen und Korsika zur etruskischen Interessensphäre geschlagen worden sein.

Auch in der Folgezeit wurden auf Sardinien gefährliche und länger anhaltende Kämpfe ausgetragen. Nachdem vielleicht bereits Hanno die militärischen Aktionen, die Malchus auf der Insel durchgeführt hatte, wiederaufgenommen und mit einem größeren Erfolg als sein Vorgänger fortgeführt hatte, widmete Hasdrubal, der Sohn des Hanno, seine Kraft weitgehend der Aufgabe, Sardinien in den Machtbereich Karthagos einzubeziehen. Nicht weniger als elfmal wurde ihm die Führung eines Feldzugs übertragen – und wie es scheint, handelte es sich ausnahmslos um Feldzüge, die auf Sardinien durchgeführt wurden. Er erreichte seine militärischen Ziele weitgehend. Dies läßt sich aus der Tatsache ersehen, daß er viermal einen „Triumph" gefeiert hat. Bevor er auf Sardinien an einer Verwundung starb, übergab er den Oberbefehl seinem Bruder Hamilcar, der anscheinend stets in seinem Stab gewesen war.

Zur Zeit des Abschlusses des 1. Karthagisch-römischen Vertrags war Sardinien in den Machtbereich Karthagos eingegliedert – zumindest war dies der Anspruch, den die Karthager erhoben.

Die Grabungen insbesondere der letzten Jahrzehnte haben deutlich erkennen lassen, daß auch das Innere Sardiniens weithin nicht nur von punischer Kultur durchdrungen, sondern auch von punischen Siedlern bewohnt war. Und wenn auch Diodoros berichtet, die Karthager hätten die Insel zu keiner Zeit völlig unter Kontrolle gehabt, so waren doch bestenfalls einige Bergstämme der Barbagia oder der Gallura dem direkten Zugriff Karthagos entzogen.

3. Korsika

Der Einfluß, den die Karthager auf Korsika ausübten, ist in seiner Intensität nicht zu vergleichen mit dem Einfluß, den sie auf Sardinien besaßen. Doch war er keineswegs ohne Bedeutung. Dies mag bereits daraus zu ersehen sein, daß sich im karthagischen Aufgebot des Jahres 480 auch korsische Truppen befanden. Außerdem weisen zahlreiche punische Funde auf eine gewisse punische Präsenz auf der Insel hin. Und schließlich hat es gar den Anschein, als hätten die Karthager in den letzten Jahrzehnten des 4. Jhs. und in den ersten sechs Jahrzehnten des 3. Jhs. die Lücke gefüllt, die die von den Römern entmachteten Etrusker auf der Insel hinterlassen hatten. Von karthagischen Kolonisationsbestrebungen ist allerdings nichts bekannt.

4. Die Apenninische Halbinsel

Auf der Apenninischen Halbinsel gründeten die Karthager keine Kolonien – Etrusker und Griechen waren in diesem Raum nicht nur ihnen, sondern bereits ihren phoinikischen Vorfahren zuvorgekommen. Doch waren die Handelsbeziehungen insbesondere zwischen Karthagern und Etruskern stark entwickelt. Sie setzten bereits im 7. Jh. ein und rissen in der Folgezeit kaum je ganz ab. Die Karthager dürften sich vor allem für etruskisches Eisen, Kupfer und Blei, die Etrusker für karthagisches Gold, Silber und Zinn interessiert haben. Wahrscheinlich wurden die karthagisch-etruskischen Verträge, von denen Aristoteles spricht, – jedenfalls teilweise – bereits in der Zeit vor der Schlacht von Aleria (etwa 540) geschlossen. Was die Zeit der Wende vom 6. zum 5. Jh. angeht, so läßt die im Jahre 1964 in Pyrgoi, dem Hafen von Caere, gefundene etruskisch-punische Quasi-Bilingue erkennen, daß der politische, kulturelle und religiöse Einfluß Karthagos in etruskischen Städten beträchtlich gewesen ist. Ja es scheint nicht übertrieben zu sein, von einem „deutlichen Ungleichgewicht der Macht zugunsten Karthagos" (Cataldi) zu sprechen.

5. Südfrankreich und Nordostspanien

Die punischen Inschriften und vor allem die punischen Metall- und Keramikerzeugnisse, die in Südfrankreich zutage getreten sind, lassen die Frage aufkommen, welche Beziehungen zwischen Puniern, Griechen, Kelten und Ligurern im südfranzösischen Raum herrschten. Aus dem bisher zur Verfügung stehenden Material ist zu ersehen, daß die Punier – seien es nun Karthager oder Punier aus Ebusos oder südspanische Punier gewesen – und die in Südfrankreich lebenden Völker in weit regerem wirtschaftlichem Austausch standen, als dies früher für möglich gehalten wurde. Ähnliches gilt für den katalanischen Raum. Dieser Austausch war keineswegs episodischer, sondern kontinuierlicher Art und im 6. und teilweise im 5. Jh. von besonderer Intensität. Allerdings haben sich bisher keine Hinweise für die Annahme ergeben, daß die Karthager in Südfrankreich oder in Katalonien Kolonien gegründet hätten. Die Existenz punischer „Kolonien" innerhalb von Städten wie Massalia ist aber keineswegs auszuschließen.

6. Die Iberische Halbinsel

Bereits seit dem 8. Jh. standen die Karthager mit den phoinikischen Kolonien Südspaniens in Verbindung. Spätestens im 7. Jh. werden sie auch mit iberischen Städten und Stämmen in Handelsbeziehungen getreten sein. Und wohl gegen Ende des 6. Jhs. intervenierten sie in Spanien mit militärischen Mitteln. Sie waren von den Gaditanern, die mit benachbarten spanischen Stämmen in einen anscheinend wirtschaftlich bedingten Konflikt geraten waren, um Unterstützung gebeten worden. Und sie sagten ihre Hilfe zu. Es gelang ihnen, den Konflikt im Sinne der Gaditaner zu lösen. Weniger im Sinne der Gaditaner scheint es gelegen zu sein – wenn wir dem Historiker Iustinus folgen dürfen –, daß sie sich nach der Beendigung der militärischen Aktion nicht nach Nordafrika zurückzogen, sondern im südlichen Spanien präsent blieben. Wie weit ihr Einfluß dort reichte, läßt sich nicht mit Sicherheit feststellen. Vermutlich aber unterstellten sich neben Gades auch die übrigen phoinikischen Kolonien Südspaniens der neuen Vormacht.

In der Phase der Vergrößerung der karthagischen Einflußsphäre traten auch die Griechen – näherhin die Massalioten –, die vielleicht bereits zu den Feinden der Gaditaner Beziehungen aufgenommen hatten, auf den Plan. Über die folgenden Auseinandersetzungen sind wir nur sehr mangelhaft unterrichtet. Vielleicht führten die Karthager im Verlauf dieser Auseinandersetzungen den Untergang des Reichs von Tartessos herbei.

Wie lange die Karthager in der Folgezeit die Oberherrschaft über das südliche Spanien innehatten, wissen wir nicht. Es ist denkbar, daß ihnen die Kontrolle über die spanische „Provinz" erst während des 1. Römischen Kriegs oder gar erst während des Libyschen Kriegs entglitt.

7. Madeira, die Azoren und die Kanarischen Inseln

Vermutlich nach der Etablierung der südspanischen Interessensphäre übernahmen die Karthager die Herrschaft auch über die wunderbare Insel, von der Pseudo-Aristoteles und Diodoros berichten, d. h. – aller Wahrscheinlichkeit nach – die Herrschaft über Madeira. Darüber hinaus scheinen sie sich auch auf den Azoren festgesetzt zu haben. Für diese Ansicht spricht die kaum bezweifelbare Annahme, daß Karthager am Ende des 3. oder zu Beginn des 2. Jhs. Münzen nach Corvo oder Flores gebracht haben. Und schließlich dürften auch die Kanarischen Inseln nicht außerhalb des karthagischen Gesichtskreises gelegen sein.

8. Marokko

Etwa in der zweiten Hälfte des 6. Jhs. setzte – zunächst unabhängig von der phoinikischen Kolonisation – die karthagische Kolonisation Marokkos ein. Im Laufe der Zeit aber dehnte Karthago seinen Einfluß auch über die phoinikischen Kolonien des Landes aus. Pseudo-Skylax behauptet, daß im 4. Jh. alle Kontore und Städte, die zwischen der Großen Syrte und den „Säulen des Herakles" lagen, unter punischer Herrschaft standen. Ausgrabungen haben darüber hinaus – sieht man von dem berühmten Expeditionsbericht des Hanno ab – den Beweis erbracht, daß auch die Orte an der atlantischen Küste Marokkos zum karthagischen Machtbereich gehörten. Das Hinterland der atlantischen Küste wurde über den Loukkos und den Sebou erschlossen.

Die punische Kolonisation Marokkos dürfte weithin im Einvernehmen mit den berberischen Fürsten erfolgt sein; denn Karthago wird kaum in der Lage gewesen sein, die vielen und großenteils weitentfernten Kolonien unter Anwendung militärischen Drucks zu gründen oder gar zu behaupten. In Tunesien und Algerien wird dies meist nicht anders gewesen sein.

9. Tunesien und Algerien

Um die Mitte des 6. Jhs. ging Karthago in Afrika – wie auf Sizilien und Sardinien – zu einer militärisch abgesicherten expansionistischen Politik über, die von Männern wie Malchus befürwortet wurde. Wir wissen nicht, ob die Kämpfe dieser Zeit zu einem vorläufigen Abschluß kamen. Sicher ist jedoch, daß nach dem Tod Hannos des Sabellers erneut karthagisch-libysche Auseinandersetzungen ausbrachen. Zu diesen Auseinandersetzungen war es deswegen gekommen, weil die Karthager seit vielen Jahren – vielleicht seit den Kämpfen der Zeit des Malchus – die bei der Gründung der Stadt vereinbarte Grundsteuer nicht entrichtet hatten. Die Kämpfe nahmen aber offenbar kein größeres Ausmaß an, da die Karthager sich schließlich bereit erklärten, die geschuldeten Zahlungen zu leisten und damit die verbrieften Rechte der Libyer anzuerkennen.

Im 5. Jh. waren es insbesondere die Hannoniden, die den karthagischen Macht- und Einflußbereich in Nordafrika erweiterten – Iustinus spricht von Kämpfen mit Libyern, Numidern und Maurusiern. Im Verlauf der Auseinandersetzungen mit den Libyern erreichten sie, daß diese nunmehr auf den „Pachtzins für die (Erlaubnis der) Gründung der Stadt" (Iustinus) verzichteten.

Im 4. Jh. (?) scheinen die Karthager die fruchtbare Ebene von El-Fahs systematisch kolonialisiert zu haben. Im übrigen stehen uns nur gelegentliche Notizen antiker Autoren zu Gebote, die es uns ermöglichen, „Momentaufnahmen" des Prozesses der Kolonialisierung und Mediatisierung Nordafrikas herzustellen. So eroberte Hanno um 247 Hekatompylos, so vergrößerte Hamilcar der Blitz nach dem Ende des Libyschen Kriegs das karthagische Territorium, und so unterwarf Hasdrubal, der Schwiegersohn des Hamilcar, numidische Stämme und zwang sie, Tribut zu zahlen.

Punische Orte, die an den Küsten Tunesiens und Algeriens lagen, sind uns in relativ großer Zahl bekannt. Es wäre jedoch sicher verkehrt, aus dieser relativ großen Zahl auf eine durchgängige karthagische Kolonisation der Küste Nordafrikas oder gar ganz Nordafrikas zu schließen. Nur in einem Teil Tunesiens und Ostalgeriens erwarben die Karthager im Laufe der Zeit ein territorial zusammenhängendes Herrschaftsgebiet. Die karthagischen Küstenstädte Algeriens werden in beträchtlicher Zahl „Enklaven" gewesen sein – wie auch manche Städte in den binnenländischen Teilen Tunesiens und Ostalgeriens.

10. Libyen

Gegen Ende des 6. Jhs. wurden die Karthager im Gebiet zwischen den beiden Syrten tätig. Die Initiative zum Eingreifen in diesem Gebiet ging anscheinend nicht von ihnen aus, sondern von den libyschen Maken, die sie gebeten hatten, bei der Vereitelung eines Kolonisationsversuchs des Dorieus, des Sohns des spartanischen Königs Anaxandridas, mitzuwirken – Dorieus hatte an der Mündung des Kinyps (Oued Caam) eine Stadt gegründet. Die verbündeten Maken und Karthager zwangen Dorieus und seine Leute, nach Sparta zurückzukehren. Nur zwei Jahre hatten sich die Spartaner am Kinyps halten können.

Die Niederlage der Spartaner hatte zur Folge, daß die Expansion der Griechen auf afrikanischem Boden zum Stillstand kam. Vermutlich in der folgenden Zeit bauten die Karthager die phoinikischen Kontore Leptis Magna, Oea und Sabratha zu punischen Städten aus. Möglicherweise trafen sie damals mit den Kyrenaiern, die Dorieus unterstützt hatten, eine Vereinbarung, die besagte, Philainon Bomoi solle die Grenze zwischen dem karthagischen und dem kyrenaiischen Einflußgebiet sein.

In den Zusammenhang der Expansion des karthagischen Staats gehören zwei karthagische Atlantik-Expeditionen, die weit über die von Ostphoinikern erreichten Punkte hinausführten: die Expedition des Hanno nach Gabun und die Expedition des Himilco ins nordwestliche Europa.

11. Das afrikanische Unternehmen des Hanno

Als der Admiral Hanno etwa im letzten Drittel des 6. Jhs. im Auftrag des karthagischen Staats zu einer afrikanischen Expedition aufbrach, lagen auf dem Gebiet der atlantischen Schiffahrt bereits einige Erfahrungen vor. Allerdings ist fraglich, ob er auch über den geographischen Raum informiert war, der jenseits von Mogador oder gar jenseits von Kerne lag. Jedenfalls ist aus seinem Bericht nicht zu ersehen, daß er solche weiterreichende Informationen besaß. „Aus seinem Bericht" – damit sind wir bereits bei einem wichtigen Punkt angelangt; denn über das Unternehmen des Hanno berichtet nicht ein x-beliebiger Historiker, sondern er selbst. So steht es jedenfalls in der griechischen Version seines Berichts. Alles hängt natürlich von der Glaubwürdigkeit des Berichts ab. Kann man erwarten, daß in einem griechischen Text, der in einem Codex des 9. nachchristlichen Jahrhunderts erhalten ist, ein karthagisches Unternehmen reflektiert wird, das etwa im 6. vorchristlichen Jahrhundert stattgefunden hat? Es ist verständlich, daß manche Forscher diese Frage mit einem glatten Nein beantwortet haben. Sie suchten nach Gründen, die den *Fahrtbericht des Hanno* als Fälschung erweisen sollten, und fanden sie im nautischen oder im literarischen Bereich. Die einen behaupteten, die Seefahrer der Antike hätten nicht gegen den Wind segeln und daher nicht von Zentral-Afrika nach Gibraltar zurückkehren können, die anderen vertraten die Ansicht, der *Fahrtbericht* stehe in der Tradition phantastischer griechischer Reisebeschreibungen und spiegle daher keine historischen Tatbestände wider. Doch dürften alle Versuche, die Authentizität des *Fahrtberichts* zu leugnen, als gescheitert zu betrachten sein. Die Seefahrer der Antike konnten gegen den Wind segeln, und die Angaben des *Fahrtberichts* sind im wesentlichen (!) historisch glaubhaft.

Hanno berichtet u. a.: „Als wir abgefahren waren, die Säulen (des Herakles) passiert hatten und außerhalb (der Säulen des Herakles) eine Fahrt von zwei Tagen hinter uns gebracht hatten, gründeten wir die erste Stadt, die wir Thymiaterion nannten; Platz für sie war in beträchtlicher Größe vorhanden. Und nachdem wir dann in westlicher Richtung abgesegelt waren, gelangten wir nach Soloeis, zum Afrikanischen Vorgebirge, das größtenteils bewaldet ist. Dort errichteten wir ein Heiligtum des Poseidon, gingen dann wieder an Bord (und fuhren) einen halben Tag lang in östlicher Richtung, bis wir zu einer Lagune kamen, die nicht weit vom Meer entfernt lag und in der dichtes, hohes Schilf wuchs. Es gab dort auch Elefanten und andere, in sehr großer Zahl weidende wilde Tiere. Nachdem wir die Lagune verlassen und etwa eine Tagesfahrt zurückgelegt hatten, gründeten wir am Meer Städte, die die Namen Karikon Teichos, Gytte, Akra, Melitta und Arambys erhielten. Und nachdem wir von dort abgefahren waren, kamen wir zu einem großen Fluß (namens) Lixos, der von Afrika herabfließt. An ihm weideten Nomaden – sie hießen Lixiten – ihr Vieh. Bei ihnen blieben wir eine Zeitlang. Wir wurden ihre Freunde. Oberhalb von ihnen lebten fremdenfeindliche Äthiopen. Sie bewohnten ein Land, in dem es viele wilde Tiere gibt und das von hohen Bergen zergliedert ist. Man sagt, in ihnen entspringe der Lixos, in den

Gebirgsgegenden aber wohnten Menschen, die ein anderes Aussehen hätten, die Troglodyten. Die Lixiten behaupteten, diese liefen schneller als Pferde. Wir nahmen von ihnen [d. h. von den Lixiten] Dolmetscher mit und fuhren zwei Tage in südlicher Richtung an der Wüste entlang. Dann wiederum segelten wir einen Tag in östlicher Richtung. Dort fanden wir im hintersten Teil einer Bucht eine kleine Insel, die einen Umfang von fünf Stadien hatte. Wir besiedelten sie und nannten sie Kerne. Wir zogen aus (der Dauer) unserer Fahrt den Schluß, daß sie Karthago gegenüber liegt, denn die (Dauer der) Fahrt von Karthago zu den Säulen (des Herakles) entsprach der von dort nach Kerne."

Doch wo lag Kerne? Vielleicht in der mauretanischen Arguin-Bucht. Mit der Gründung von Kerne war der Auftrag des karthagischen Staats erfüllt – jedenfalls insoweit, als dieser Auftrag aus dem *Fahrtbericht* bekannt ist. Was nun folgte, waren zwei Expeditionen im engeren und eigentlichen Sinn. Die eine Expedition führte Hanno vermutlich einen Arm des Senegal hinauf und einen anderen Arm dieses Flusses hinab, und die andere führte ihn, wie mir scheint, bis zum Äquator, bis nach Gabun.

Worin aber bestand der Zweck der beiden, nach der Gründung der sieben Kolonien durchgeführten Expeditionen? Hanno äußert sich zu dieser Frage nicht. Stellt man jedoch die traditionellen Motive der phoinikischen Seefahrt in Rechnung, legt sich die Annahme nahe, daß diese Expeditionen weniger aus wissenschaftlichen als aus wirtschaftlichen Interessen unternommen worden sind. Begab sich Hanno auf die Suche nach neuen Metallmärkten? Wahrscheinlich. Erkundete er Wege, die zum westafrikanischen Gold oder zum mauretanischen Kupfer oder zum nigerianischen Zinn führten? Wir wissen es nicht. Doch wäre es verkehrt, hier ein strenges Entweder-Oder zu postulieren. In jedem Fall scheint „der verfluchte Hunger nach Gold" (Vergilius) eine Rolle gespielt zu haben.

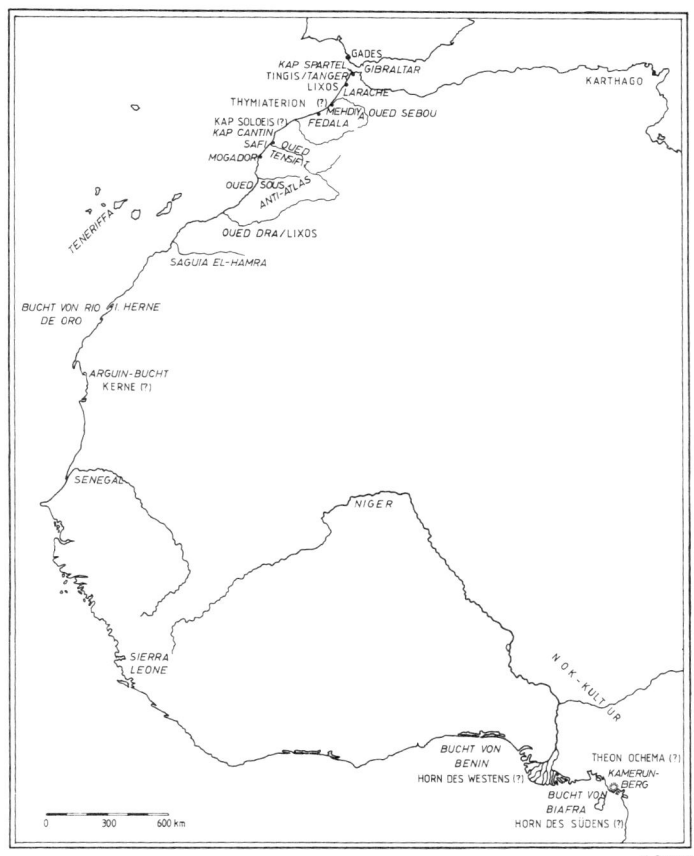

2. Die Fahrt des Hanno

12. Die Fahrt des Himilco ins nordwestliche Europa

Etwa zur gleichen Zeit, zu der Hanno nach Zentral-Afrika
aufbrach, segelte ein anderer Karthager namens Himilco ins
nordwestliche Europa ab. Vermutlich hat auch er nach seiner

Rückkehr nach Karthago einen Bericht über seine Expedition erstellt. Doch ist dieser Bericht ebenso verlorengegangen wie die zu postulierende Übersetzung dieses Berichts ins Griechische. Nur einige Reflexe seiner Aufzeichnungen sind erhalten, und zwar im Werk *Die Meeresküste* des Dichters Avienus, der etwa 900 Jahre nach der Fahrt des Himilco geschrieben hat. Zwar ist der Zeitraum, der zwischen den Ereignissen und den Reflexen der Ereignisse liegt, beträchtlich groß, doch ist zu beachten, daß der Dichter keinen Autor erwähnt, der jünger als Thukydides ist, daß er also auf älteste Traditionen zurückgreift. In *einem* Fall macht er allerdings eine Ausnahme: im Fall des Iuba, der als König Mauretaniens, als Freund des Augustus, als Ehren-Bürgermeister der Stadt Gades und als Wissenschaftler charakterisiert wird. Iuba, der „punische Bücher" (Solinus und Ammianus) benützt und demnach punisch verstanden hat, könnte der Übersetzer oder einer der Übersetzer des Berichts des Himilco, jedenfalls der Berichterstatter der Expedition des Himilco gewesen sein. Kurz – das historiographische Fundament des Werks *Die Meeresküste* war und ist gut.

Himilco war nicht der erste Kapitän, der eigentlich im Mittelmeer „zuhause" war und der die atlantischen Küsten West- und Nordwesteuropas erkundete. Vor ihm hatten bereits die reichen und einflußreichen Tartessier, die im Tal des Guadalquivir wohnten und die daher nur mit Einschränkung dem mediterranen Raum zuzuordnen sind, und – wie es scheint – die in der Nähe der Meerenge siedelnden Westphoiniker diese Routen befahren. Himilco ist allerdings der erste namentlich bekannte Kapitän, der in diese Gegenden vorgedrungen ist. Sonst ist von seiner Person nichts bekannt.

Das Ziel seiner Fahrt waren, wie der Ältere Plinius sagt, „die außerhalb [der Säulen des Herakles] liegenden Gebiete Europas" – genauer, wie Avienus sich ausdrückt, „die Oestrumniden". Diese Inseln werden gewöhnlich mit den Kassiteriden gleichgesetzt, von denen verschiedene antike Autoren sprechen und unter denen wohl die in der Nähe der Südwestspitze Englands gelegenen Scilly-Inseln zu verstehen sind.

Himilco scheint wie Hanno in staatlichem Auftrag gehandelt zu haben. Die karthagischen Behörden dürften die Absicht verfolgt haben, den Seehandel mit dem nördlichen Europa – insbesondere den Handel mit Zinn und Blei – zu monopolisieren. Dieses Bestreben wird um so verständlicher, je deutlicher man sich die Tatsache vor Augen hält, daß es beispielsweise in ganz Nordafrika keine einzige Zinnlagerstätte gegeben hat. Im übrigen ist nicht auszuschließen, daß Himilco – ähnlich wie Hanno – an der atlantischen Küste karthagische Stützpunkte errichtet hat.

Von weiteren Fahrten der Karthager zu den Oestrumniden ist nichts bekannt. Dennoch ist die Wahrscheinlichkeit groß, daß auch in der Zeit nach Himilco karthagische Kaufleute nach Nordwesteuropa gefahren sind, um dort Zinn und Blei zu laden.

Die weitausgreifende karthagische Expansion, die sich in der Anknüpfung von Handelskontakten, wohl auch in der Errichtung von Kontoren, in der Gründung von Kolonien, in der Einbeziehung westphoinikischer Städte in den eigenen Herrschaftsraum und in der militärischen und politischen Durchdringung ganzer Landstriche dokumentierte, war das Ergebnis mehrerer Faktoren. Ihre innerste Antriebskraft bezog sie wohl aus dem Drang, große Reichtümer aus dem westmittelmeerischen, west- und innerafrikanischen und west- und nordwesteuropäischen Raum nach Karthago zu holen. Da sich bald zeigte, daß derartige Handelsunternehmungen in einer Zeit, in der Seeleute starker rivalisierender Mächte und wagemutige Piraten die Meere befuhren, ohne militärische Absicherung nicht durchführbar waren, bauten die Karthager eine schlagkräftige Kriegsmarine auf, die die Sicherheit der karthagischen Handelswege garantieren sollte. Daneben erwies es sich in manchen Fällen als notwendig, die Armeeverbände zu stärken. Der Besitz militärischer Macht weckte aber die Bereitschaft, sich weiteren und umfassenderen Einfluß zu verschaffen. Der militärische Erfolg schließlich erschien Mächten, die durch Dritte bedrängt wurden, oft wie ein Anker, mit dessen Hilfe sie überleben zu können hofften. Die

Karthager aber gelangten vielfach zu der Ansicht, sie könnten sich den Hilferufen solcher Mächte nicht entziehen – auch wenn sich diese Mächte bisher nur bedingt in ihrem Gesichtskreis befunden hatten. Winkten hier doch Mehrung der Macht und des Prestiges! Erfolge aber zogen Erfolge nach sich und diese führten schließlich im 6. und 5. Jh. den Höhepunkt der karthagischen Expansion herbei, der sich in der Errichtung des karthagischen „Reichs" manifestierte.

III. Karthager und Griechen

1. Die Kriege

Die schärfsten Konkurrenten der Karthager auf den westmittelmeerischen und atlantischen Märkten waren in archaischer Zeit Griechen und Etrusker. Während sich aber Karthager und Etrusker im allgemeinen arrangierten, entluden sich die handelspolitischen und machtpolitischen Spannungen zwischen Karthagern und Griechen in einer Reihe von militärischen Auseinandersetzungen: um die Mitte des 6. Jhs. in anscheinend zwei Auseinandersetzungen mit den Selinuntiern; um 540 in einer Auseinandersetzung mit den Phokaiern von Aleria; gegen Ende des 6. Jhs. in zwei Auseinandersetzungen mit dem Spartaner Dorieus, der sich zunächst im heutigen Libyen, dann im westlichen Sizilien festzusetzen suchte; um die Wende vom 6. zum 5. Jh. in mehreren Auseinandersetzungen mit den Phokaiern von Massalia (u. a. am Kap Nao); und im zweiten Jahrzehnt des 5. Jhs. in einer Auseinandersetzung mit dem Tyrannen Gelon von Gela. In der „klassischen" und in den ersten Jahrzehnten der „hellenistischen" Zeit Karthagos setzten sich diese Kämpfe fort. Sie wurden ausschließlich mit sikeliotischen Tyrannen, mit sikeliotischen Städten und mit von sikeliotischen Städten gestützten Kondottieri ausgetragen. Im Jahre 480 hieß der bedeutendste Feind wiederum Gelon, der sich inzwischen zum Tyrannen von Syrakosai aufgeschwungen hatte, am Ende der Auseinandersetzung der Jahre 410–405 und in den Jahren 397–392, 382–374 oder 373, 368–362 (?) hieß der Feind Dionysios I., der Tyrann von Syrakosai, dem im Jahre 367 sein Sohn Dionysios II. folgte, in den Jahren 345–339 (?) hieß der Feind Timoleon von Korinthos, der in syrakosischem Auftrag handelte, in den Jahren 311–306 hieß der Feind Agathokles, der Tyrann von Syrakosai, und in den Jahren 278–275 hieß der Feind Pyrrhos, der König von Epeiros, der wie Timoleon von Syrakosiern herbeigerufen worden war. Während aber der Krieg des Jahres 480 das Ergebnis einer offensiven, ja imperialistischen Außenpolitik Karthagos war, ließ sich Karthago in den im Jahre 410 beginnenden Krieg hineinziehen und befand sich in den Kriegen der folgenden Zeit in der Situation der Defensive.

Im Krieg des Jahres 480 scheint die karthagische Führung das Ziel erstrebt zu haben, die Herrschaft über ganz Sizilien zu erringen. Doch – war dies „alles"? Oder sind noch andere Umstände zu berücksichtigen? Ephoros von Kyme berichtet jedenfalls, der persische König Xerxes I. (486–465/64) habe, nachdem er sich entschlossen hatte, gegen Griechenland zu Feld zu ziehen, mit den Karthagern einen Offensivpakt geschlossen: während *er* gegen die Griechen des Mutterlands ziehe, sollten *sie* die Griechen Siziliens und Unteritaliens angreifen. Handelt es sich hier um einen Reflex griechischer Propaganda, die sich nach den Siegen von Salamis und Plataiai in der Übersteigerung der persischen Gefahr nicht genug tun konnte? Oder hat Ephoros die damalige politische Konstellation zutreffend wiedergegeben? Die Antwort fällt schwer. Betrachtet man allerdings die politische Lage des Jahres 483 von persischer Sicht aus, so scheint es nur folgerichtig gewesen zu sein, wenn Xerxes versuchte, Gelon und seine Verbündeten – die einzige ins Gewicht fallende Kraft, die als Verstärkung der mutterländischen Griechen in Frage kam – vom griechischen Kriegsschauplatz fernzuhalten. Um dieses Ziel zu erreichen, empfahl es sich, Karthago, den „natürlichen Gegner" der auf der Seite Gelons stehenden Griechen, als Verbündeten zu gewinnen. Ferner ist daran zu erinnern, daß die Städte des phoinikischen Mutterlandes – also auch Tyros, die Mutterstadt Karthagos – in der großen Auseinandersetzung des Jahres 480 auf persischer Seite standen. Auch diese Tatsache mag bei den Verhandlungen, die im Jahre 483 geführt worden waren, eine Rolle gespielt haben. Und schließlich werden die persischen Gesandten nicht versäumt haben, die Karthager darauf hinzuweisen, daß sie in ihrem eigenen Interesse handelten, wenn sie ihre Herrschaft über ganz Sizilien ausdehnten. So scheint die Annahme nicht von der Hand zu weisen zu sein, daß die politische und militärische

Situation des Jahres 480 einem großangelegten persisch-karthagischen Plan entsprochen hat.

Im übrigen ist noch zu erwähnen, daß sich die karthagischen Behörden – unter der Voraussetzung der Historizität des persischen Bündnisangebots – in keiner beneidenswerten Lage befanden, als sie zu den persischen Vorschlägen Stellung beziehen mußten. Welche Konsequenzen würde Xerxes ziehen, wenn Karthago das „gemeinsame (militärische und politische) Vorgehen" (Diodoros) verweigerte und wenn Griechenland – und vielleicht auch der Machtbereich des Gelon – in eine persische Satrapie verwandelt sein würde? Denn an einen Sieg der antipersisch orientierten griechischen Staaten glaubten, von einigen griechischen Politikern abgesehen, wohl nur wenige! Was zunächst als blanker karthagischer Imperialismus ausgesehen hat, erweist sich bei näherem Zusehen als ein Vorgang, der von politischen Zwängen nicht völlig frei gewesen ist.

Der Krieg endete bei Himera (Nordsizilien) mit einer katastrophalen Niederlage der karthagischen Truppen und dem Selbstmord ihres Generals Hamilcar.

Der Schock, den diese Niederlage bei den in letzter Zeit meist sieggewohnten Karthagern auslöste, wirkte lange nach. Es dauerte sieben Jahrzehnte, bis sich Karthago zu einem erneuten militärischen Eingreifen auf Sizilien entschloß. Die politischen Energien der führenden Schicht der Stadt wandten sich in der Folgezeit anderen Zielen zu – insbesondere dem Ausbau der Macht in Afrika und der Ausweitung der Handelsbeziehungen im mittelmeerischen und teilweise im ostatlantischen Bereich.

Erst im Jahre 410 entschloß sich Karthago zu einer – folgenschweren – Änderung seiner Sizilien-Politik. Die bisherige isolationistische Politik wurde von einer interventionistischen Politik abgelöst. Der Bruch der karthagischen Sizilien-Politik ist m. E. weniger auf eine Änderung der innenpolitischen Verhältnisse Karthagos zurückzuführen als auf die fortgesetzte, von den griechischen Städten Selinus und Syrakosai ausgehende Bedrohung der elymischen Städte, der traditionellen

Partner Karthagos in Sizilien – eine Bedrohung, die letztlich auch den punischen Städten Siziliens galt. So antwortete Karthago schließlich auf einen dringenden Hilferuf des elymischen Vororts Segesta mit der Entsendung von Truppen, die unter der Führung des Hannibal, des Enkels des Hamilcar, standen. Nach einer nur neuntägigen Belagerung fiel Selinus, die Rivalin Segestas.

Mit der Zerstörung von Selinus und der Neuordnung der westsizilischen Verhältnisse war die vom karthagischen Staat gestellte Aufgabe des karthagischen Feldherrn erfüllt. Was nunmehr folgte – die Zerstörung von Himera –, konnte Hannibal nicht als politisch notwendige Aktion deklarieren. Dies war eine großenteils emotional bedingte, nicht einmal so sehr auf die Wiederherstellung der Ehre Karthagos als vielmehr der seiner eigenen Familie ausgerichtete Tat.

Hannibal hatte seine Ziele vollkommen erreicht. Es war ihm gelungen, die selinuntischen Aggressoren zu vernichten und damit die Voraussetzung für eine friedliche Entwicklung im westlichen Sizilien zu schaffen. Außerdem war Segesta anscheinend stärker an Karthago gebunden worden, waren Sikaner und Sikuler als Bundesgenossen gewonnen worden, und war Selinus auf den Status einer tributpflichtigen Stadt herabgedrückt worden. Und schließlich war die Ehre der hannonidischen Familie in vollem Umfang wiederhergestellt worden. Vom Standpunkt des Hannibal und vom Standpunkt aller Karthager aus war das sizilische Problem gelöst.

Doch sollte die von Hannibal herbeigeführte Lösung nur von äußerst kurzer Dauer sein. Die neuerliche Störung der bestehenden Verhältnisse ging von dem Syrakosier Hermokrates aus, der mit der Besetzung von Selinus die von Karthago im westlichen Sizilien errichtete Ordnung in Frage stellte; denn Selinus war eine tributpflichtige Stadt. Er trieb aber die Provokation Karthagos auf die Spitze, als er mit seinen Anhängern in die Gebiete von Motye, Panormos und anderer Städte einfiel und den Truppen dieser Städte, die sicherlich von den in Sizilien stationierten karthagischen Verbänden unterstützt wurden, regelrechte Schlachten lieferte.

Die Kämpfe, in deren Verlauf sich Dionysios, früher ein Komplize des Hermokrates, zum Tyrannen von Syrakosai aufschwang, zogen sich bis zum Jahr 405 hin. Aus den Bestimmungen des Friedensvertrags ist zu ersehen, daß die Karthager fast auf der ganzen Linie ihre Vorstellungen durchgesetzt hatten. Ganz Sizilien – mit Ausnahme von Syrakosai – stand nunmehr, teils direkt, teils indirekt, unter karthagischer Herrschaft.

Die neue militärische Auseinandersetzung zwischen Karthagern und sizilischen Griechen (397–392) ist in erster Linie von Dionysios, in keinem Fall aber von Karthago gesucht worden. Der syrakosische Tyrann bedurfte außenpolitischer Erfolge, um seine Stellung, die zeitweise prekär war, zu stärken. Bei der Verfolgung seiner Pläne kam ihm zustatten, daß unter der griechischen Bevölkerung der Insel eine starke Unzufriedenheit über die drückende karthagische Übermacht herrschte. So fiel es ihm nicht schwer, nicht nur die Bürger der Städte, die in besonderer Weise unter den Folgen des verlorenen Krieges zu leiden hatten, sondern auch die Syrakosier für den Gedanken einer Revanche zu gewinnen. Die Ausschreitungen, die Syrakosier und andere Sikelioten im Anschluß an den Kriegsbeschluß an den in Syrakosai und in den unfreien sikeliotischen Städten wohnenden Karthagern begingen, erinnern an die Judenpogrome einer späteren Zeit, wenngleich Diodoros sie nicht durch die Zugehörigkeit der Karthager zu einer bestimmten Rasse, sondern durch die „Grausamkeit" der Sieger gegenüber den Besiegten motiviert sein läßt. Dionysios aber beschloß, den Karthagern ein Ultimatum zu stellen: Würden sie innerhalb eines bestimmten Zeitraums den sikeliotischen Städten die Freiheit nicht zurückgeben, herrsche zwischen Syrakosai und Karthago Krieg. Über die Antwort der Karthager dürfte sich der Tyrann im klaren gewesen sein.

Das Kriegsglück lachte in den folgenden Jahren einmal der einen, einmal der anderen Seite. Da auf dem Schlachtfeld keine endgültige Entscheidung fiel, entschlossen sich beide Parteien schließlich zum Abschluß eines Friedensvertrags. Was den Inhalt dieses Vertrags angeht, so äußert sich der Chronist Diodoros nicht gerade deutlich: „Im übrigen aber lauteten die Bestimmungen des Vertrags ähnlich wie die Bestimmungen früher abgeschlossener Verträge ...“ Diese Worte sind vermutlich in der Weise zu interpretieren, daß die Karthager in den punischen, elymischen und sikanischen Städten bzw. Territorien das letzte Wort zu sagen haben sollten. Die im Vertrag des Jahres 405 als tributpflichtig bezeichneten griechischen Städte scheinen jedoch nicht mehr zum karthagischen Herrschaftsbereich gehört zu haben. Wichtig ist, daß der Vertrag auch einen Paragraphen enthielt, nach dem die Sikuler in Zukunft der Herrschaft des Dionysios unterstellt sein sollten. Daß sich der karthagische General Mago zur Aufnahme dieses Passus in den Vertrag bereit erklärte, zeigt, in welch prekärer Situation er sich befand. Die Sikuler, die bisher größtenteils treue Bundesgenossen der Karthager gewesen waren, waren nunmehr den imperialistischen Zielen des Dionysios ausgeliefert.

Es scheint, daß sich die Karthager in den folgenden Jahren über die westsizilischen Pläne des Dionysios keinen Täuschungen hingaben. Zu einer realistischen Beurteilung der Lage dürften die beeindruckenden Erfolge, die Dionysios in den nächsten Jahren im unteritalischen, adriatischen und etruskischen Raum errang, ebenso beigetragen haben wie die Erfahrungen, die die Karthager bisher mit dem Tyrannen gemacht hatten.

Vermutlich in der zweiten Hälfte des Jahres 383 gelang es Dionysios, einen Teil der westsizilischen karthagischen „Verbündeten“ aus dem Bündnis mit der punischen Vormacht zu lösen und dem eigenen Bündnissystem einzugliedern. Er war sich aller Wahrscheinlichkeit nach darüber im klaren, daß sein Vorgehen eine neue militärische Auseinandersetzung mit Karthago zur Folge haben würde.

Die Karthager forderten durch Gesandte die Wiederherstellung des früheren Zustands. Nachdem die ablehnende Antwort des Dionysios überbracht worden war, erklärten sie den Krieg (382–374 oder 373). Da sie wußten, daß den Italioten die Herrschaft des Dionysios verhaßt war, suchten sie diese für einen Angriffspakt zu gewinnen – und ihr Vorhaben gelang.

Obwohl es den Karthagern nach dem entscheidenden Sieg von Kronion (bei Panormos?) möglich gewesen wäre, Dionysios harte Forderungen zu stellen, „trugen sie ihr Glück menschlich" (wie Diodoros im Anschluß an Ephoros sich ausdrückt) und schlugen dem syrakosischen Tyrannen den Abschluß eines Friedensvertrags unter folgenden Bedingungen vor: 1. Beide Teile sollten behalten, was sie vorher besessen hatten. 2. Die Karthager sollten jedoch zusätzlich Stadt und Land der Selinuntier und außerdem den Teil des akragantinischen Gebiets erhalten, der sich auf der rechten Seite des Lykos befindet. 3. Dionysios sollte den Karthagern 1 000 Talente Kriegsentschädigung zahlen. Der Tyrann stimmte – sicherlich mit einem Gefühl der Erleichterung – den karthagischen Vorschlägen zu. Die Friedensbedingungen lassen erkennen, daß die Ziele der Karthager – was Sizilien angeht – keineswegs expansiver Art waren. Wie meist in der Vergangenheit begnügten sie sich mit der Herrschaft über das westliche Sizilien und waren bestrebt, im Hinblick auf die Sikelioten einen *modus vivendi* zu finden.

Zwischen den Karthagern und Dionysios herrschte nicht lange Friede. Wiederum war es der syrakosische Tyrann, der die Initiative zu einer neuen Auseinandersetzung (368–362?) ergriff. Er scheint sich von der Niederlage von Kronion in relativ kurzer Zeit erholt zu haben. Bereits im Jahre 368 stand ihm – jedenfalls nach dem Bericht des Diodoros – wieder eine Streitmacht von 30 000 Infanteristen, 3 000 Kavalleristen und 300 Trieren zu Gebote. Um den Schein des Rechts zu wahren, bediente er sich des Vorwurfs der Grenzverletzung. Sein Vorwurf richtete sich aber nicht gegen alle, die im karthagischen Herrschaftsbereich Siziliens wohnten, sondern nur gegen „die Phoiniker der Epikrateia" (Diodoros): Es scheint, daß er zwischen die punischen und die nichtpunischen Bewohner der karthagischen Epikrateia einen Keil zu treiben beabsichtigte. Sollte er dies in der Tat geplant haben, dürfte er keinen allzu großen Erfolg erzielt haben; denn als er in der karthagischen

Epikrateia einmarschierte, traten nur das griechische Selinus und das campanische Entella auf seine Seite.

Bereits im nächsten Jahr (367) starb Dionysios, der über Jahrzehnte hinweg der gefährlichste Gegner der Karthager gewesen war. Er hatte sich zum Ziel gesetzt, die Karthager, die das westliche Sizilien beherrschten, ins Meer zu werfen. Dies war ihm nicht gelungen. Karthago hatte zäh und erfolgreich seine sizilischen Positionen verteidigt.

Über den weiteren Verlauf der Kämpfe während der Zeit Dionysios' II. ist nichts bekannt. Auch der Inhalt des Friedensvertrags ist nicht überliefert. Im wesentlichen werden die Abmachungen des letzten Friedensvertrags übernommen worden sein. Doch scheint Karthago sein Herrschaftsgebiet im Norden Siziliens erweitert zu haben. Im Süden dürfte nach wie vor der Lykos die Grenze gebildet haben.

Mit dem Eingreifen des Korinthiers Timoleon in die unteritalischen und vor allem die sizilischen Verhältnisse (345 bis 339?) nahmen die seit einiger Zeit friedlichen Beziehungen zwischen Karthago und Syrakosai ein jähes Ende.

In Syrakosai hatten sich im Jahre 347 drei „Parteien" gebildet: die des Dionysios II., des Tyrannen der Stadt, die des Syrakosiers Hiketas, des Tyrannen von Leontinoi, und schließlich die der Gegner jeder Tyrannis. Die zuletzt genannte Gruppe war es gewesen, die im Jahre 346 oder 345 die Mutterstadt Korinthos um die Entsendung eines Feldherrn, der die politischen Verhältnisse der Stadt neu ordnen sollte, gebeten hatte. Hiketas hatte zum Schein die Gesandtschaft dieser Gruppe durch die Entsendung eigener Gesandter unterstützt, insgeheim aber seine Hoffnungen auf eine enge Zusammenarbeit mit Karthago gerichtet.

Die Erfolge, die Timoleon bald nach seiner Landung in Tauromenion auf Sizilien errang, sind nicht weniger erstaunlich als die Mißerfolge des Hiketas. Zu diesen Erfolgen zählte vor allem die Eroberung der Stadt Syrakosai (344/43). Zum Zeichen der Wiederherstellung der Demokratie ließ der Sieger die Burg schleifen und alle anderen Bauwerke, die an die Herrschaft der Tyrannen erinnerten, zerstören. Nur die Statue des Himera-Siegers Gelon soll – aus propagandistischen Gründen – vor der Zerstörung bewahrt worden sein.

Timoleon hatte zwar den Auftrag, den ihm die demokratische „Partei" der Syrakosier erteilt hatte, erfüllt. Doch konnte er seine politischen Pläne nicht auf das Gebiet begrenzen, das von den Stadtmauern von Syrakosai eingeschlossen wurde – dies schon deswegen nicht, weil Hiketas, der sich mit einer beträchtlichen Streitmacht nach Leontinoi zurückgezogen hatte (344/43), eine latente Gefahr für das demokratische Syrakosai darstellte. Doch damit nicht genug! Timoleon griff überdies auf das Gebiet der karthagischen Epikrateia über. Dem Korinthier gelang es nicht nur, Entella, eine Stadt, die seit einiger Zeit von prokarthagisch orientierten Kräften beherrscht wurde, in seine Hand zu bekommen – auch elymische, sikanische und sikulische „Verbündete" waren anscheinend bereit, ihre politische Position zu überdenken.

Die sikeliotischen Städte – auch die, die in der karthagischen Epikrateia lagen – schlossen sich ihm ohne Ausnahme an (343/42). Unter diesen Umständen sahen die karthagischen Politiker keine andere Möglichkeit, als der Gefahr, die von Timoleon ausging, mit verstärkten Kräften zu begegnen. Die Verbände, die sie nach Sizilien verlegten, erlitten jedoch im Jahre 342 am Krimisos (Belice sinistro?) eine vernichtende Niederlage. Und nur der Tatkraft des neu ernannten Generals Gisgo hatten es die Karthager zu verdanken, daß ihre Sizilien-Politik nicht in einem Desaster endete. Sie baten schließlich um Frieden. Die Friedensbedingungen waren folgende: 1. Alle griechischen Städte Siziliens sind frei. 2. Die Grenze zwischen der karthagischen Epikrateia und dem sikeliotischen Gebiet wird vom Lykos (und vom nördlichen Himeras?) gebildet. 3. Wer die Absicht hat, die karthagische Epikrateia zu verlassen und nach Syrakosai zu ziehen, darf die Familie und das Vermögen mitnehmen. 4. Die Karthager gewähren den Tyrannen, die gegen Syrakosai Krieg führen, keine Unterstützung.

Die Karthager hatten vor den Erfolgen des Timoleon zurückweichen müssen, doch bedeutete der Friedensschluß des Jahres 339 (?) keine wesentliche Minderung ihrer Macht.

Die letzten Jahrzehnte des 4. Jhs. waren in Karthago von lebhaften innenpolitischen Auseinandersetzungen erfüllt, die durch die Rivalitäten der herrschenden Familien hervorgerufen wurden. Die politisch brisanten Situationen, die aus diesem Grunde entstanden, wurden verschärft durch Revolten der afrikanischen Nachbarn. Zu diesen Schwierigkeiten traten schließlich militärische Niederlagen auf dem sizilischen Kriegsschauplatz, ja auf dem Boden Afrikas. Zum ersten Mal in der Geschichte Karthagos standen griechische Truppen vor den Mauern der Stadt. Nicht mehr und nicht weniger als die Existenz des karthagischen Staats stand auf dem Spiel.

Die militärische Bedrohung des karthagischen Staats (311–306) ging im wesentlichen von einem Mann aus, der als Sohn eines rheginischen Exulanten in Therma, einer Stadt der karthagischen Epikrateia, geboren worden war, der später das syrakosische Bürgerrecht erhalten hatte und der in Syrakosai vom Töpfer zu einem der reichsten Männer der Stadt aufgestiegen war: von Agathokles, dem Sohn des Karkinos. Dem unternehmungsfreudigen Politiker gelang es, seine Wahl zum Feldherrn und „Wächter des Friedens" (Diodoros) zu bewerkstelligen und aufgrund dieser Ämter eine beherrschende Stellung in der von innenpolitischen Auseinandersetzungen geschüttelten Stadt Syrakosai einzunehmen. Im Jahre 316/15 schob er dann die letzten Hindernisse auf dem Weg zur Tyrannis beiseite. In einem blutigen Staatsstreich – an einem Tag sollen mehr als 4000 Syrakosier umgebracht worden sein – ergriff er die Macht. Nach einem großartigen Auftritt in der Volksversammlung ließ er sich zum „bevollmächtigten Feldherrn" wählen und übernahm den „Schutz der Stadt" (Diodoros). Die Karthager werden die Vorgänge in Syrakosai aufmerksam verfolgt haben, konnten jedoch keine diplomatischen Schritte gegen das Vorgehen des Agathokles unternehmen, da die Gestaltung der innenpolitischen Verhältnisse von Syrakosai nicht Gegenstand eines gültigen karthagisch-syrakosischen Vertrags gewesen sein wird. Selbst als der

Tyrann Heer und Flotte aufrüstete und Städte und Plätze des Landesinnern unterwarf, konnten die Karthager keinen Einspruch erheben, da in dem wohl immer noch gültigen Timoleon-Vertrag nur die Freiheit griechischer, nicht auch sikulischer Städte vereinbart war.

Anders stellten sich die Dinge einige Zeit später dar. Die Karthager wurden nunmehr durch Plünderungszüge provoziert, die Agathokles in der karthagischen Epikrateia durchführte. Sie wurden überdies von den sikeliotischen Exulanten gebeten, nicht zuzulassen, daß Agathokles „ganz Sizilien" (Diodoros) – und das sollte bedeuten: auch die karthagische Epikrateia – seiner Herrschaft unterwerfe. Sie liefen nunmehr mit 50 Schiffen in den Großen Hafen von Syrakosai ein.

Verwegenheit und Kaltblütigkeit in einem bewies Agathokles, als er den Plan faßte und ausführte, mit seinen tüchtigsten Soldaten nach Afrika überzusetzen, um durch einen Angriff auf das Zentrum des Gegners den Würgegriff, an dem Syrakosai zu ersticken drohte, zu lockern. Kein griechischer oder nichtgriechischer Gegner der Karthager hatte derartiges je gewagt. Kriegsschauplatz war nunmehr nicht nur Sizilien, sondern auch Nordafrika.

Erst nach Jahren zähen Ringens gab Agathokles auf, da er erkennen mußte, daß er dem Zweifrontenkrieg gegen die Truppen der Karthager und gegen die Truppen der Exulanten nicht gewachsen war. Er schickte Gesandte nach Karthago, die einen Friedensvertrag aushandeln sollten. Der Vertrag kam im Jahre 306 unter folgenden Bedingungen zustande: 1. Die Karthager erhalten die Herrschaft über alle Städte Siziliens zurück, die früher zu ihrem Machtbereich gehört haben. 2. Die Karthager bezahlen an Agathokles Gold im Wert von 300 (karthagischen) Talenten Silber und liefern außerdem 200000 Scheffel Getreide. Damit war als Grenze der karthagischen Epikrateia wiederum der Lykos festgesetzt worden. Auch Herakleia Minoa wurde wieder karthagisch.

Der Krieg gegen Agathokles hatte den Karthagern zwar keine territorialen Verluste gebracht, doch scheint ihr politisches Gewicht gegenüber der Vorkriegszeit geringer geworden zu sein.

Eine letzte Auseinandersetzung mit den sizilischen Griechen hatten die Karthager in der Zeit des epeirotischen Königs Pyrrhos zu bestehen (278–275). Pyrrhos, der seit dem Jahr 280 auf tarantinischer Seite gegen die Römer kämpfte, wurde von Gesandten der syrakosischen Tyrannen Thoinon und Sosistratos aufgefordert, zugunsten der Syrakosier auf Sizilien einzugreifen. Beide Tyrannen hatten wegen des Drucks, der von ehemaligen italischen Söldnern des Agathokles, die sich nach dem italischen Kriegsgott Mamers Mamertiner nannten, auf Syrakosai ausgeübt wurde, ihre Rivalitäten zurückgestellt und sich dazu entschlossen, den Schwiegersohn und den Gemahl der Schwägerin des Agathokles um eine Intervention zu bitten. Und Pyrrhos sagte schließlich zu.

Sobald die Karthager vom Zweck der Gesandtschaft der syrakosischen Tyrannen Kenntnis erhalten hatten, entwickelten sie eine intensive diplomatische und militärische Aktivität; denn es schien keine Frage zu sein, daß Pyrrhos im Fall eines Eingreifens auf Sizilien sich nicht mit der Beseitigung der mamertinischen Gefahr begnügen, sondern alles daran setzen würde, auch den auf der Insel herrschenden karthagischen Einfluß zurückzudrängen oder auszuschalten. Daher schlossen sie im Jahre 279/78 mit den Mamertinern, den künftigen Gegnern des Pyrrhos, und den Römern, den bisherigen Gegnern des Pyrrhos, Bündnisse ab.

Die Bereitwilligkeit, mit der viele Sikelioten Pyrrhos unterstützten, ist erstaunlich. Vielleicht wäre sie weniger groß gewesen, wenn die Karthager nicht offen mit den mamertinischen und römischen „Barbaren" paktiert hätten und wenn Pyrrhos nicht der Ruf eines genialen Feldherrn vorausgeeilt wäre. Die Tage des Timoleon schienen zurückzukehren.

Die Befürchtungen der Karthager bewahrheiteten sich. Pyrrhos blieb nicht an den Grenzen der karthagischen Epikrateia stehen. Ein Ort nach dem anderen und ein Fort nach dem anderen fiel in seine Hände. Nach kurzer Zeit beherrschte er die gesamte karthagische Epikrateia – mit Ausnahme von

Lilybaion. Diesen letzten Stützpunkt gedachten die Karthager unter keinen Umständen aufzugeben. Der König begann mit der Belagerung der Stadt. Nach zwei Monaten sah er jedoch ein, daß die Anstrengungen, die Stadt zu erobern, vergeblich sein würden. Er hob daher die Belagerung auf.

Der Abbruch der Belagerung von Lilybaion scheint der Wendepunkt dieses karthagisch-griechischen Kriegs gewesen zu sein. Von nun an begann der Stern des Pyrrhos, der über Sizilien aufgegangen war, zu sinken. Dennoch schmiedete der Epeirote anscheinend Pläne, die denen der letzten Jahre des Agathokles ähnelten: Er wollte mit Hilfe einer gewaltigen Flotte die Herrschaft zur See erringen und die Karthager in Afrika in die Knie zwingen. Das kleine Problem Lilybaion würde sich dann von selbst erledigen.

Nach dem Abbruch der Belagerung von Lilybaion scheint Pyrrhos alle Kräfte auf die Vorbereitung der Invasion Nordafrikas konzentriert zu haben. Über eine große Zahl von Schiffen verfügte er bereits, doch benötigte er noch viele und gut ausgebildete Matrosen – und natürlich beträchtliche finanzielle Mittel. Beides, Soldaten und Gelder, hatten die sizilischen Städte ihm zur Verfügung zu stellen. Da anscheinend viele Politiker vieler Städte für die Pläne des Königs keine Begeisterung aufzubringen in der Lage waren, entstanden die ersten Reibereien. Der König antwortete auf die Nachlässigkeit der Städte mit Strenge. Die Spannungen verschärften sich. Die Sikelioten, die weder an der Durchführung eines afrikanischen Feldzugs noch am Status von Untertanen eines hellenistischen Königs interessiert waren, fielen von Pyrrhos ab und wandten sich teils den Karthagern, die mit neuen Truppen auf Sizilien gelandet waren, teils den Mamertinern zu. Die Ablehnung der Politik und der Person des Pyrrhos muß tief und verbreitet gewesen sein! Der König sah sich gezwungen, seine Afrikapläne aufzugeben. Da die Samniten und Tarantiner Pyrrhos baten, nach Italien zurückzukehren, hatte er wenigstens die Möglichkeit, vor den Sikelioten sein Gesicht zu wahren. Als er im Jahre 275 unter Segel ging, soll er das berühmte Wort gesprochen haben: „Freunde, welchen Kampfplatz überlassen

wir Karthagern und Römern" (Plutarchos)! Se non è vero, è
ben trovato!

2. Die kulturellen Beziehungen

Die nahezu lückenlose Kette von karthagisch-griechischen
Kriegen mußte zu Beeinträchtigungen bei der Wahrnehmung
des Partners bzw. Feindes führen. So urteilten „die" Griechen –
insbesondere griechische Politiker und Literaten, vermutlich
aber auch einfache griechische Bürger – vielfach negativ über
„die" Karthager. Im übrigen mögen es nicht nur die Kriege gewesen sein, die solche Urteile begünstigten, sondern auch die
merkantilen Aktivitäten der Karthager. Und schließlich wird
deren kulturelle Andersartigkeit zu Irritationen und Fehlurtei-
len geführt haben. Unter den Historikern war es insbesondere
der antikarthagisch eingestellte Timaios, der das Bild vom
„häßlichen Karthager" gestaltete, das sich in den Köpfen vieler
Griechen festsetzte. Aber auch Plutarchos von Chaironeia
zeichnete ein düsteres Gemälde des karthagischen Volkscharak-
ters: „Anders [als die Art des Volks der Athener] ist die Art des
Volks der Karthager: sie ist herb, düster, den Machthabern gegenüber untertänig, den Untertanen gegenüber hart, in Situationen der Angst außerordentlich unwürdig, in Stimmungen des
Zorns überaus roh, stur an einmal getroffenen Entscheidungen
festhaltend, abweisend und schroff gegen feine Lebensart und
Anmut." Wir wissen nicht, wie diese Charakteristik des punischen Wesens zustande gekommen ist. Einigermaßen sicher ist
dagegen, daß das Bild, das die Griechen von den Karthagern
zeichneten, bis zu einem gewissen Grad von dem Bild abhängig
war, das Homeros einst von den Phoinikern, den Konkurrenten
der archaischen Griechen auf den mittelmeerischen Märkten
und bei vielen Kaperfahrten, gezeichnet hatte.

Die Karthager als „Erzfeinde" der Griechen, die Karthager
als die „natürlichen Gegner" der Griechen – war dies die ganze Wahrheit? Sicher nicht.

Bei näherem Hinsehen zeigt sich, daß bereits in der Frage
der militärischen Auseinandersetzungen nuancierter zu urtei-

len ist, als dies vielfach geschah und geschieht; denn die Karthager kämpften auf Sizilien – d. h. in dem Gebiet, in dem in archaischer, „klassischer" und „hellenistischer" Zeit karthagische und griechische Interessen aufeinanderstießen – häufig nicht gegen „die" Griechen Siziliens, sondern gegen einen sikeliotischen Tyrannen oder eine sikeliotische Koalition, wobei andere sikeliotische Tyrannen oder andere sikeliotische Städte durchaus auf ihrer Seite stehen konnten oder standen. Entscheidend war in solchen Situationen nicht die ethnische Zugehörigkeit, sondern die politische Konstellation.

Auf dem handelspolitischen Sektor waren Karthager und Griechen nicht nur Konkurrenten, sondern auch Partner. Besonders eng waren diese Beziehungen zwischen Karthago und Akragas.

Große karthagische und große sikeliotische Familien waren sogar verwandtschaftlich miteinander verbunden. So war Hanno der Sabeller mit einer Syrakosierin verheiratet – beider Sohn war Hamilcar, der Verlierer der Schlacht von Himera –, und so waren die beiden syrakosischen Brüder Hippokrates und Epikydes, Vertraute des berühmten Hannibal, Söhne eines syrakosischen Vaters und einer karthagischen Mutter. Auch auf das Verhältnis der Gastfreundschaft zwischen Karthagern und Griechen, das allerdings nur selten bezeugt ist – bei der Eigenart der uns zur Verfügung stehenden Quellen ist dies kein Wunder! –, ist hier hinzuweisen.

Natürlich gab es auf dem Boden Karthagos eine griechische Kolonie – wie es höchstwahrscheinlich auch umgekehrt in griechischen Städten karthagische Kolonien gegeben haben wird. Die Bedeutung dieser Kolonien für die Anknüpfung und Aufrechterhaltung von Kontakten sollte keinesfalls gering geschätzt werden.

Und schließlich sind die Einflüsse der griechischen Kultur auf die karthagische Kultur – Einflüsse der Sprache, der Literatur, der Kunst und der Religion – geradezu evident.

IV. Karthager und Römer

1. Die Vorkriegs-Verträge

Karthago als der Widerpart Roms – dies ist wohl eine der gängigsten historischen „Stereotypen". Und doch entspricht diese Vorstellung nur teilweise den Sachverhalten – dies schon deswegen, weil Karthago und Rom jahrhundertelang in freundschaftlichen, vertraglich geregelten Beziehungen standen.

Der erste dieser Verträge wurde nach dem Beginn der römischen Republik (um 470 ?) geschlossen und ist in die Tradition der karthagisch-etruskischen Verträge zu stellen, von denen Aristoteles spricht. Die Karthager trugen mit dem Abschluß dieses Vertrags der neuen Situation Rechnung, die dadurch entstanden war, daß die Vertreter der führenden Schicht Roms den etruskischen König der Stadt – der Tradition nach Tarquinius Superbus – verjagt und eine neue Form des politischen Lebens begründet hatten. Sie waren offensichtlich daran interessiert, im System der bilateralen Verträge keine Lücke entstehen zu lassen, und knüpften daher kurze Zeit nach der Begründung des römischen Freistaats mit den neuen Herren Roms Verhandlungen an, die zum Abschluß des Vertrags führten.

Aus dem Inhalt dieses Vertrags ist deutlich zu erkennen, wie stark das Machtgefälle war, das zwischen Karthago und Rom bestand. Anscheinend ist aus ihm auch zu ersehen, daß der politische Einfluß des punischen Vororts in Mittelitalien beträchtlich war. Insofern scheinen der 1. Karthagischrömische Vertrag und die Goldbleche von Pyrgoi als Zeugnisse zu verstehen zu sein, die denselben historischen Zusammenhang beleuchten.

Der Vertrag, der für die Kenntnis einer wichtigen Phase sowohl der karthagischen als auch der römischen Geschichte von großer Bedeutung ist, ist nicht in seiner ursprünglichen (lateinischen) Form, sondern nur in der griechischen Übersetzung des Polybios von Megalopolis tradiert. Der originale Text dieses Vertrags und der anderer karthagisch-römischer Verträge war auf Erztafeln eingeschlagen, die im Aerarium der römischen Aedilen aufbewahrt wurden. Es scheint, daß der Text dieses Vertrags und der anderer karthagisch-römischer Verträge am Vorabend des 3. Römischen Kriegs in senatorischen Kreisen Roms diskutiert wurde. Polybios dürfte aufgrund seiner Beziehungen zur römischen Nobilität Kenntnis von der Existenz und dem Text dieser Verträge erhalten haben.

Der Vertrag, der zwischen den Karthagern und den Römern und den beiderseitigen Bundesgenossen, die übrigens kaum um ihre Meinung gefragt worden sein dürften, geschlossen wurde, sah Folgendes vor:

I. Bestimmungen, die die Römer und ihre Bundesgenossen betreffen:

1. Den Römern ist es untersagt, mit ihren (Kriegs- oder Piraten-) Schiffen über eine bestimmte Fahrtgrenze, die durch das „Schöne Vorgebirge" markiert wird, hinauszufahren.

2. Sollte der Fall eintreten, daß Römer durch Stürme oder Feinde gezwungen sind, an einem Punkt jenseits des „Schönen Vorgebirges" zu landen, dürfen sie nichts kaufen oder rauben – es sei denn Dinge, die zur Ausbesserung der Schiffe oder zur Vornahme der Opferhandlungen erforderlich sind.

3. Den römischen Kaufleuten ist es in Libyen und auf Sardinien nur dann gestattet, Geschäfte abzuschließen, wenn ein karthagischer „Beamter" hinzugezogen wird.

4. Im karthagischen Teil Siziliens haben die Römer dieselben (Handels-) Rechte wie die Karthager.

II. Bestimmungen, die die Karthager und ihre Bundesgenossen betreffen:

(1. Für die Karthager ist keine Fahrtgrenze festgelegt.)

2. Die Karthager dürfen sich gegenüber den von Rom beherrschten latinischen Städten keine Übergriffe erlauben – namentlich genannt werden Ardea, Antium, Circei und Tarracina.

3. Von den latinischen Städten, die nicht unter der Oberhoheit Roms stehen, sollen sich die Karthager fernhalten. Sollte

aber der Fall eintreten, daß sie eine Stadt dieser Kategorie einnehmen, müssen sie diese Stadt in dem Zustand, in dem sie sich nach der Eroberung befand, den Römern ausliefern.

4. Außerdem ist es den Karthagern verboten, in Latium ein Kastell zu erbauen, ja dort auch nur zu übernachten, sollten sie in feindlicher Absicht an Land gegangen sein.

Während das Interesse der Römer eindeutig auf die Abwehr fremden Einflusses in Latium gerichtet war, war das Interesse der Karthager nicht minder deutlich an der Durchsetzung ihrer sicherheits- und handelspolitischen Vorstellungen orientiert. Sie schützten sich vor Kriegs- und Kaperfahrten der Römer südlich und östlich des „Schönen Vorgebirges" (= Promunturium Apollinis bzw. Kap Farina bzw. Ras Sidi Ali el-Mekki) und regelten die Handelsmodalitäten, die zwischen den Bewohnern ihres Herrschaftsgebiets und den Römern gelten sollten – Handelsmodalitäten, die in Afrika und auf Sardinien andere waren als auf Sizilien.

Im Jahre 348 entschlossen sich die beiden Mächte zu einer neuen vertraglichen Formulierung ihrer gegenseitigen Beziehungen. Seit dem Abschluß des 1. Vertrags hatten sich die Verhältnisse in manchen Punkten entscheidend geändert.

Karthago hatte zwar im Jahre 480 durch die Niederlage von Himera einen beträchtlichen Rückschlag seiner sizilischen Bestrebungen hinnehmen müssen, hatte aber diesen Rückschlag durch die Entfaltung politischer Aktivitäten insbesondere in Nordafrika, Südspanien und Sardinien kompensieren können.

Die Kämpfe mit dem syrakosischen Tyrannen Dionysios I. (405–367), in die Karthago gegen seine Absicht verwickelt worden war, hatten zwar enorme Anstrengungen gekostet, doch war es dem Tyrannen nicht gelungen, die Karthager und deren Bundesgenossen aus dem westlichen Teil Siziliens hinauszudrängen. Karthago befand sich am Vorabend der Unterzeichnung des Vertrags von 348 auf einem Höhepunkt seiner Macht.

Rom dagegen hatte – was die Entfaltung seiner Macht angeht – in der Zeit nach der Unterzeichnung des 1. Vertrags keine wesentlichen Fortschritte zu erzielen vermocht. Eher im Gegenteil! Im 5. Jh. waren die Kräfte der relativ unbedeutenden Stadt ganz in Anspruch genommen von dem Bestreben, gegenüber etruskischen und latinischen Nachbarn die Unabhängigkeit zu wahren. Der keltische Vorstoß des Jahres 387/86 hatte gar die Existenz Roms bedroht. Doch langsam hatte sich nach der Niederlage an der Allia das Blatt zu wenden begonnen. Der Einfluß Roms in Latium war gewachsen. Und doch – im Latinischen Bund gärte es! Die Latiner weigerten sich im Jahre 349, ihre Truppen weiterhin dem römischen Oberbefehl zu unterstellen. Ein Teil der latinischen Städte arbeitete offen mit den Kelten zusammen, die erneut gegen Rom marschierten. Den Römern gelang es zwar, sich der Kelten zu erwehren, es gelang ihnen aber nicht, die politische Suprematie über den Latinischen Bund sogleich wiederherzustellen. Dergestalt stellte sich die Situation – von der römischen Seite aus betrachtet – im Jahr des Abschlusses des 2. Karthagisch-römischen Vertrags dar. Rom war die führende Macht in Latium, aber seine Stellung war alles andere als unangefochten.

Während der 1. Karthagisch-römische Vertrag sehr klar in zwei Hauptteile – nach den vertragschließenden Parteien – gegliedert ist, hat der 2. Karthagisch-römische Vertrag einen komplizierteren Aufbau. Er ist nach Sachrubriken in drei Hauptteile gegliedert, die ihrerseits nach den beiden Kontrahenten unterteilt sind.

Der erste Hauptteil enthält allgemeine Verkehrsbestimmungen. Während sich die Römer verpflichten, bestimmte Verkehrsgrenzen einzuhalten, binden sich die Karthager an gewisse Verhaltensmaßregeln gegenüber den latinischen Städten.

In den zweiten Hauptteil sind Bestimmungen aufgenommen, die Verstöße gegen die Interessen der Vertragspartner verhindern oder doch sanieren sollen (sog. Adikema-Bestimmungen).

Im dritten Hauptteil werden spezielle Handels- und Verkehrsfragen geregelt.

Der Vertrag ist in dem Schema abgefaßt, in dem die Karthager – nicht die Römer – ihre Verträge zu schließen pflegten.

Im Gegensatz zum 1. Vertrag sind im 2. Vertrag zwei Fahrtgrenzen, die die Römer und ihre Bundesgenossen zu beachten haben, festgelegt: einerseits das „Schöne Vorgebirge" und andererseits ein Ort, den Polybios als Mastia Tarseion bezeichnet. Mastia ist als Stadt der Mastiener oder Massiener an der spanischen Südküste auch andernorts belegt. Die Stadt lag irgendwo „im Großraum Cartagena" (Koch). Die Nennung von Mastia setzt voraus, daß im Jahre 348 (zumindest) das Gebiet südwestlich von Mastia karthagische Interessensphäre war. Dadurch, daß Karthago für Rom (und wohl auch für Massalia) das Gebiet südwestlich von Mastia schloß, schloß es „praktisch" – jedenfalls nach dem Wortlaut des Vertrags – auch die Meerenge von Gibraltar.

Weiterhin ist von Bedeutung, daß der 2. Vertrag – wiederum im Gegensatz zum 1. Vertrag – keine „Untergebenen" der Römer kennt. Es gab im Jahre 348 – nach den Worten des Vertrags! – nur „Nicht-Untergebene", die nach zwei Kategorien unterteilt sind: Die eine Gruppe stand in keinem Vertragsverhältnis zu Rom, die andere Gruppe besaß einen schriftlich fixierten Friedensvertrag mit Rom. Zumindest juristisch betrachtet, war demnach Rom zur Zeit des Abschlusses des 2. Vertrags in einer schwächeren Position als zur Zeit des Abschlusses des 1. Vertrags. Nun ist erstaunlich, daß Rom die Städte Latiums, mit denen kein Vertragsverhältnis bestand, als zu seiner Interessensphäre gehörend betrachtete. Dies geht aus dem Paragraphen des Vertrags hervor, der die Karthager verpflichtete, eine Stadt der bezeichneten Kategorie im Falle ihrer Eroberung an die Römer auszuliefern. Rom eröffnete damit den Karthagern die Möglichkeit, an der latinischen Küste Plünderungszüge durchzuführen, und knüpfte daran Forderungen, die in seinem Interesse lagen – und sein Interesse war es offensichtlich, das Gebiet dieser Städte seinem Staatsgebiet zu inkorporieren. Um welche Städte aber handelte es sich hier? Da alle latinischen Städte Latiums zum damaligen Zeitpunkt vertraglich mit Rom verbunden waren, wird vor allem an die zwar in Latium gelegene, aber von Volscern bewohnte Stadt Antium und an Satricum, eine Kolonie von Antium, gedacht gewesen sein. Ein karthagischer Angriff auf Antium und Satricum, die politischen Gegner Roms, lag ganz im Interesse der Römer. Doch Rom legte offensichtlich auch keinen Wert darauf, den Schutz der Städte Latiums vertraglich zu fixieren, mit denen ein Vertragsverhältnis bestand; denn im Vertragstext ist nur folgendes vorgesehen: „Wenn aber irgendwelche Karthager irgendwelche überwältigen, mit denen die Römer einen schriftlich fixierten Friedensvertrag geschlossen haben, die ihnen aber in keiner Weise unterstellt sind, sollen sie (diese) nicht in die Häfen der Römer führen" (Polybios). So bestätigt der Vertragstext, was wir aufgrund der annalistischen Berichte wissen: Die Beziehungen zwischen Rom und den latinischen Bundesgenossen – an diese ist hier in erster Linie zu denken – waren im Jahre 348 äußerst gespannt. Ein karthagischer Angriff auf die eine oder andere latinische Stadt widersprach den römischen Interessen nicht – eher war das Gegenteil der Fall.

Eine letzte beachtenswerte Veränderung gegenüber dem 1. Vertrag liegt darin vor, daß nunmehr Sardinien und Libyen den römischen Kaufleuten verschlossen werden. Die römische Position hatte sich auch in diesem Punkt gegenüber den Zeiten des 1. Vertrags verschlechtert. Karthago kann mit dieser Bestimmung nur den Zweck verfolgt haben, den gesamten sardinischen und libyschen Handel in der „Hauptstadt" zu konzentrieren. Dies war nur deswegen möglich, weil diese „Provinzen" inzwischen weitgehend der Direktive Karthagos unterstellt worden waren.

Polybios kennt keinen Vertrag, der in die Zeit zwischen dem 2. Vertrag und dem Pyrrhos-Vertrag zu setzen wäre. Doch stellt Livius zum Jahr 306 fest: „Und mit den Karthagern wurde im selben Jahr der Vertrag zum dritten Mal erneuert, und ihren Gesandten, die zu diesem Zweck gekommen waren, wurden freundlich Geschenke überreicht." Livius ist also der Ansicht, daß es sich beim Vertrag des Jahres 306 um die dritte Erneuerung der karthagisch-römischen Abmachungen, d. h. um den 4. Vertrag, handelt. Ist – wie ich annehme – der 2. Vertrag im Jahre 348 geschlossen worden, muß der

3. Vertrag in der Zeit zwischen 348 und 306 geschlossen worden sein. Wenn aber in diese Zeit ein Vertrag zu datieren ist, dann kommt aufgrund des uns zur Verfügung stehenden Materials nur das Jahr 343 in Frage; denn zu diesem Jahr berichtet Livius u. a.: „Und der Ruhm dieses Ereignisses [gemeint ist der Sieg der Römer über die Samniten bei Suessula] blieb nicht allein auf Italien beschränkt – nein, auch die Karthager schickten Gesandte nach Rom, um mit dem Geschenk eines goldenen Kranzes zu gratulieren, der im Tempel des Iuppiter aufbewahrt werden sollte; er besaß ein Gewicht von 25 Pfund." Sicherlich – vom Abschluß eines Vertrags ist hier nicht ausdrücklich die Rede. Doch ist die Annahme nicht abwegig, daß die Karthager diese Gelegenheit benützten, um die alten Bindungen vertraglich zu festigen, zumal ja in Rechnung zu stellen ist, daß sie zu dieser Zeit auf Sizilien mit enormen Schwierigkeiten zu kämpfen hatten, da ihnen der Korinthier Timoleon hart zusetzte. Inhaltlich wird sich dieser Vertrag – wenn überhaupt eine Neufassung vorgenommen worden ist – kaum wesentlich von dem des Jahres 348 unterschieden haben.

Polybios, der sich – wie viele andere – für die Probleme, die mit dem Ausbruch der ersten beiden karthagisch-römischen Kriege zusammenhingen, lebhaft interessierte, war der Überzeugung, die Schuld am Ausbruch dieser Kriege sei nicht auf römischer, sondern auf karthagischer Seite gelegen. In dieser Überzeugung störte ihn allerdings eine Notiz über den Abschluß eines karthagisch-römischen Vertrags, die er im Werk des Historikers Philinos von Akragas fand; denn diese Notiz ließ die Kriegsschuldfrage – soweit sie den 1. Römischen Krieg betraf – in einem anderen Licht erscheinen. Polybios stand also vor der Notwendigkeit, entweder sein Geschichtsbild in einem entscheidenden Punkt zu revidieren oder die Notiz des Akragantiners zu eliminieren. Er ging den zweiten Weg.

Das Kernstück dieses von Philinos erwähnten Vertrags – setzen wir seine Existenz einmal voraus! – bestand in der Zusage der Römer, keine politische oder militärische Tätigkeit in

Sizilien zu entfalten, und in der Verpflichtung der Karthager, in Italien nicht einzugreifen. Der Vertrag hatte demnach in erster Linie die Abgrenzung der beiderseitigen Interessensphären zum Ziel. Gegenüber den früheren Verträgen bestand die wesentliche Neuerung darin, daß nunmehr auch das östliche Sizilien in das karthagische Kontrollgebiet einbezogen wurde. Der Vertrag enthielt sicherlich noch weitere Bestimmungen. Diese Bestimmungen sind jedoch nicht überliefert.

Anders als Polybios ist ein großer Teil der modernen Historiker der Ansicht, daß der zur Diskussion stehende Vertrag kein Hirngespinst des Philinos gewesen ist. Zu dieser Ansicht führt nicht nur die Berücksichtigung der Tatsache, daß Polybios in manchen Punkten seinem Vorgänger Philinos nicht gerecht geworden ist, sondern auch die Heranziehung anderer antiker Texte.

Livius datiert die dritte Erneuerung der karthagisch-römischen Abmachungen ins Jahr 306. Daß der Vertrag jedenfalls in der Zeit *nach* dem Abschluß der Verträge von 348 und 343 geschlossen worden ist, geht schon daraus hervor, daß in ihm nicht mehr Latium, sondern Italien als römische Interessensphäre bezeichnet wird.

Den letzten Vorkriegs-Vertrag schlossen die Karthager mit den Römern, als sie sich durch das sizilische Engagement des epeirotischen Königs Pyrrhos bedroht sahen. Offensichtlich verfolgten sie beim Abschluß dieses Vertrags in erster Linie den Zweck, die Römer daran zu hindern, mit Pyrrhos einen Vertrag zu schließen, der gegen ihre Interessen gerichtet wäre. Die Kräfte des Pyrrhos sollten in Italien gebunden und von Sizilien ferngehalten werden.

Im einzelnen wurden zwischen den Karthagern und den Römern folgende Vereinbarungen getroffen: 1. Sowohl die Karthager als auch die Römer haben das Recht, mit Pyrrhos einen schriftlichen Bündnisvertrag zu schließen. 2. Schließt einer der beiden Vertragspartner mit Pyrrhos einen schriftlichen Bündnisvertrag oder schließen beide Vertragspartner mit Pyrrhos schriftliche Bündnisverträge, dann ist in diesem Vertrag oder in diesen Verträgen sicherzustellen, daß im Fall eines Angriffs auf das Gebiet eines der beiden (derzeitigen) Vertragspartner der nichtangegriffene (derzeitige) Vertragspartner das Recht (und die Pflicht) zur Hilfeleistung hat. 3. Im Fall einer Hilfeleistung haben die Karthager Schiffe zur Verfügung zu stellen, und zwar sowohl für den Hin- als auch für den Rücktransport – gleichgültig, ob es sich um „römisches" oder „karthagisches" Gebiet handelt. 4. Jeder der beiden Vertragspartner hat für seine Truppen den Unterhalt zu leisten. 5. Die Karthager haben die Pflicht, den Römern nötigenfalls bei einer Auseinandersetzung zur See zu Hilfe zu kommen. 6. Keiner der beiden Vertragspartner hat das Recht, von den Schiffsbesatzungen des anderen Vertragspartners den Kampf zu Lande zu verlangen.

Der Vertrag, dessen Einzelheiten in der Forschung nicht unumstritten sind, wird in der zweiten Hälfte des Jahres 279 oder in der ersten Hälfte des Jahres 278 geschlossen worden sein.

2. Die Kriege

Der Punkt, an dem sich der erste militärische Konflikt zwischen Karthagern und Römern (264–241) entzündete, war Messana. Die Macht aber, die den Konfliktherd Messana geschaffen hatte, war weder Karthago noch Rom gewesen, sondern Syrakosai – genauer gesagt: Hieron (II.), der im Jahre 275/74 die Herrschaft über die Stadt an sich gerissen hatte.

Eine neue Note erhielt der Kampf um Messana insofern, als seit der Mitte der 80er Jahre nicht mehr griechische Bürger, sondern oscische Soldaten, die Mamertiner, die Herren von Messana waren. Sie hatten sich nach dem Tod ihres Brotgebers Agathokles in den Besitz von Messana gesetzt und die bisherigen Einwohner ermordet oder vertrieben. Das negative Image dieser Landsknechte diente den Zielen des Hieron, der in die Rolle eines Vorkämpfers für die Sache der Griechen schlüpfen und so seine machtpolitischen Ziele besser verbergen konnte. Nachdem er in einer ersten Auseinandersetzung – im Jahre 271 (?) – am Kyamosoros unterlegen war, siegte er im Jahre 269 am Longanos. Wenn nunmehr Karthago durch den Feldherrn Hannibal intervenierte und Hieron an der In-besitznahme von Messana hinderte, so entsprach dies den Traditionen seiner Politik. Hieron sah sich gezwungen, dem karthagischen Druck zu weichen und nach Syrakosai zurück-zukehren.

Hieron hatte seine Pläne nur aufgeschoben, nicht aufgeho-ben. Im Jahre 264 nahm er den Kampf gegen die Mamertiner von neuem auf. Er zog nach Messana und begann, die Stadt zu belagern. Die Mamertiner baten die Karthager erneut um Schutz, den diese auch gewährten. Hieron ging wieder nach Syrakosai zurück.

Waren die bisherigen Auseinandersetzungen nach den tra-ditionellen Spielregeln der sizilischen Machtkämpfe verlaufen, so erhielt die Auseinandersetzung des Jahres 264 eine neue Dimension durch das Eingreifen der Römer.

Da Rom mit dem Übergreifen nach Sizilien den ersten, aber entscheidenden Schritt zur Erringung der Weltherrschaft getan zu haben schien, wurden bereits in der Antike die mit diesem Ereignis zusammenhängenden Fragen – vor allem die Kriegs-schuldfrage – lebhaft erörtert. Und die Diskussion über die Vorgänge der Jahre 270–264 ist auch heute noch nicht abge-schlossen. Daß die modernen Historiker in vielen Fragen, die den Ausbruch des 1. Römischen Kriegs betreffen, zu keiner Einigung gelangen, hängt vor allem damit zusammen, daß die antiken Historiker diese Ereignisse tendenziös dargestellt ha-ben. Die Mehrzahl der modernen Historiker bringt der Dar-stellung des Polybios das größte Vertrauen entgegen – dies vor allem deswegen, weil Polybios sich als Historiker eines guten Rufes erfreut und weil der frühannalistische Historiker Pictor, dessen Werk Polybios als Vorlage gedient hat, eine höhere Glaubwürdigkeit beanspruchen zu können scheint als sein annalistischer (bei Zonaras zu Wort kommender) Kollege. Doch ist auch dem Bericht des Polybios über die Gründe, die zum Ausbruch des 1. Römischen Kriegs geführt haben, mit Mißtrauen zu begegnen. Dieses Mißtrauen muß sich bereits dann einschleichen, wenn man sich vergegenwärtigt, daß

Polybios hier nicht als überparteilicher Historiker, sondern als Bewunderer der expansiven römischen Politik berichtet, der zudem von den Aussagen des römischen Annalisten Pictor abhängig ist, der seinerseits die Dinge ebenfalls von einem römischen Standpunkt aus darstellt.

Ist aber den Aussagen des Polybios zu mißtrauen, was waren dann die Motive, die die Römer zu einem Eingreifen in Sizilien veranlaßt haben? Sicher war ihr Entschluß nicht von der Sorge um die Freiheit der oscischen Soldaten bestimmt. Befanden sie sich aber vielleicht angesichts der Größe der karthagischen Gefahr in einem Zustand der Angst – wie Polybios bzw. Pictor uns glauben machen möchte –, so daß man nicht von einem römischen Angriffskrieg sprechen könnte, sondern von einem römischen „Verteidigungskrieg" sprechen müßte? Auch diese Annahme ist wenig wahrscheinlich. Das tatsächliche Vorgehen der Römer legt eher den Gedanken nahe, daß der Gewährsmann des Diodoros und seine Nachfolger so unrecht nicht hatten, wenn sie von der „Habgier" als dem bestimmenden römischen Motiv sprachen. Wirtschaftliche Gründe waren es demnach vor allem, die Sizilien zum Objekt des römischen Imperialismus werden ließen.

In der ersten Phase des Krieges kämpften Karthager und Römer in verschiedenen Gebieten Siziliens, ohne eine Entscheidung herbeiführen zu können. Die Verwüstungen italienischer Küstenstriche durch karthagische Flottenverbände scheinen dann die römischen Senatoren veranlaßt zu haben, den Versuch zu unternehmen, den Feind mit dessen eigener Waffe, einer starken Flotte, zu schlagen. Und das Sensationelle geschah. In ihrer ersten großen Seeschlacht schlugen die Römer im Jahre 260 bei Mylai die Beherrscher der Meere.

Doch änderte der römische Sieg bei Mylai die Situation in Sizilien nicht von Grund auf. Karthago hatte keine größeren Schwierigkeiten, die Verluste an Menschen und Material auszugleichen. – Im Jahre 259 wurde Sardinien in das Kriegsgeschehen einbezogen. Polybios schreibt nicht zu Unrecht: „Die Römer wagten sich aufs Meer hinaus – und schon griffen sie nach Sardinien." – Einen der Höhepunkte der militärischen

Auseinandersetzungen des 1. Römischen Kriegs brachte das Jahr 256. In diesem Jahr landete – nach dem Seesieg von Eknomon – zum ersten Mal eine römische Flotte an der Küste Nordafrikas. Offensichtlich war geplant, im nächsten Jahr den entscheidenden Schlag gegen Karthago zu führen. Doch vereitelten die Karthager, beraten vom spartanischen Offizier Xanthippos, das Gelingen dieses Plans. Sie siegten im Jahre 255 bei Tynes. Die Römer konnten zwar ihre geschlagenen Truppen aus dem Stützpunkt Aspis herausholen, doch ereilte sie bei der Rückfahrt in der Nähe von Kamarina eine fürchterliche Katastrophe. Sie verloren in einem Sturm 284 von 364 Schiffen, angeblich aufgrund eines nautischen Fehlverhaltens der Consuln. Polybios bezeichnet diese Katastrophe als die größte Schiffahrtskatastrophe der Geschichte.

Der Erfolg bei Tynes und die Katastrophe von Kamarina gaben den Karthagern neuen Auftrieb. Sie verstärkten ihre Rüstungsanstrengungen – sicherlich in der Überzeugung, die Peripetie des Krieges sei eingetreten. Doch auch die Römer gaben trotz der gewaltigen Rückschläge ihre Sache keineswegs verloren. So zog sich der Krieg noch jahrelang hin. Mißerfolge wechselten mit Erfolgen. Daran änderte sich auch nichts, als der kluge und tatkräftige Admiral Hamilcar der Blitz (hbrq) – wahrscheinlich im Frühling des Jahres 247 – auf Sizilien eintraf. – Die Entscheidung fiel – nach einem Ringen von 23 Jahren – im Jahre 241 bei den Aegatischen Inseln (in der Nähe der Westspitze Siziliens). Die Schlacht endete mit einer Niederlage der Karthager – und diese Niederlage fiel deutlich aus. Die Vernachlässigung der Flotte hatte sich bitter gerächt. Die Römer hatten die Karthager mit deren eigenen Waffen geschlagen: mit vorzüglich gebauten Schiffen, mit trainierten Ruderern, mit tapferen Soldaten, mit geschulten Kapitänen und mit einer überlegenen Taktik.

Der Friedensvertrag sah Folgendes vor: „Die Karthager sollen ⟨sowohl ganz Sizilien als auch⟩ alle Inseln räumen, die zwischen Italien und Sizilien liegen. Von beiden Seiten soll für die beiderseitigen Bundesgenossen die Sicherheit garantiert werden. Keiner von beiden soll im Herrschaftsgebiet des anderen Anordnungen treffen oder von Staats wegen bauen oder Truppen werben oder die Bundesgenossen des anderen in das Verhältnis der Freundschaft aufnehmen. Die Karthager sollen innerhalb von zehn Jahren 2200 Talente bezahlen, sogleich aber 1000. Die Karthager sollen alle Kriegsgefangenen ohne Lösegeld den Römern zurückgeben" (Polybios).

Das wesentliche Ergebnis des 1. Römischen Kriegs faßt der Verfasser des sog. Ineditum Vaticanum knapp folgendermaßen zusammen: „Und sie (die Römer) bekamen Sizilien in ihre Gewalt, um das der Kampf gegangen war." Sicherlich war die Räumung Siziliens die sichtbarste Folge der Niederlage bei den Aegatischen Inseln. Weniger sichtbar war vielleicht für manche karthagischen Politiker, daß das Jahr 241 den Wendepunkt in der Geschichte der Stadt bedeutete. Die Gewichte im westlichen Mittelmeerraum verschoben sich stark zugunsten der aufstrebenden römischen Macht und zuungunsten des karthagischen Staats.

Daß Karthago in eine tiefe Krise geraten war, konnte keiner übersehen, der die Ereignisse nach dem Krieg verfolgte; denn es zeigte sich, daß mit dem verlorenen Krieg das Ende der Schrecken noch nicht gekommen war. Eine neue Gefährdung des karthagischen Staats ging von den Söldnern aus. Daß sie ein existenzbedrohendes Ausmaß annahm, hing nicht zuletzt mit der Tatsache zusammen, daß die meisten Söldner Libyer waren.

Allein den libyschen Söldnern war es möglich, der Revolte eine Basis zu geben, die zur Vernichtung des karthagischen Staats ausreichend zu sein schien. Sie allein waren in der Lage, eine Meuterei von Söldnern in einen „Libyschen Krieg" hinüberzuführen. Nur unter Anspannung aller Kräfte gelang es den Karthagern, die Revolte nach drei Jahren niederzuschlagen (238).

Die Schwäche der Karthager wurde von den Römern schamlos genutzt. Sie annektierten unter fadenscheinigen Vorwänden im selben Jahr 238 Sardinien, die bedeutendste karthagische Provinz.

Spätestens nach der Beendigung des sardinischen Konflikts faßte Hamilcar der Blitz den Entschluß, in Spanien militärisch einzugreifen. Im Frühling des Jahres 237 verließ er an der Spitze des größten Teils der Streitkräfte Karthago in Richtung Gades. In seiner Umgebung befanden sich sein neunjähriger Sohn Hannibal und sein Schwiegersohn Hasdrubal. Was aber waren die Ziele, die er im Fernen Westen zu verfolgen beabsichtigte? In der Antike war die Meinung weit verbreitet, nach der Hamilcar nur deswegen nach Spanien ging, um sich die Mittel zu beschaffen, die für die Wiederaufnahme des Krieges mit den Römern notwendig waren. Das einzige beachtliche Argument, das die antiken und in ihrem Gefolge die modernen Vertreter dieser Meinung ins Feld führen können, nämlich die angebliche Forderung des Hamilcar, Hannibal solle schwören, „nie den Römern wohlgesinnt zu sein" (Polybios), vermag die Faktizität der Revanchepläne des „Blitzes" nicht zu erweisen. Hamilcar wich vielmehr in ein Gebiet aus, an dem Rom bisher keinerlei Interesse gezeigt hatte. Seine Pläne zielten auf die Schaffung einer neuen territorialen und materiellen Basis des karthagischen Staats ab – die Verluste, die mit der Abtretung Siziliens, Sardiniens und auch Korsikas verbunden waren, sollten in Spanien wieder ausgeglichen werden. Er hatte Erfolg, und Erfolg hatte auch sein Nachfolger Hasdrubal.

Die fortschreitende Provinzialisierung Spaniens zog jedoch die Aufmerksamkeit der Römer auf sich. Dies geschah zu einer Zeit, als kaum noch ein Zweifel daran bestehen konnte, daß die Römer in einen gefährlichen Konflikt mit den Kelten hineingezogen werden würden. So hielten die römischen Senatoren den Zeitpunkt für gekommen, eine Abordnung zu Hasdrubal zu schicken. Die Aufgabe dieser Abordnung bestand vor allem darin, vom karthagischen Feldherrn die Zusage zu erwirken, in der drohenden Auseinandersetzung nicht mit den Kelten zu koalieren. Um dieses wichtige Ziel zu erreichen, sahen sich die römischen Politiker zu der vertraglichen Zusicherung gezwungen, die spanischen Pläne des Hasdrubal nicht zu behindern. Das bedeutendste Ergebnis der Gespräche, die vermutlich in der Zeit zwischen Herbst 226 und Frühjahr 225 geführt wurden, bestand – der skizzierten politischen Ausgangslage entsprechend – darin, daß Hasdrubal sich verpflichtete, den Ebro „zum Zweck der Kriegführung" (Polybios) nicht zu überschreiten. Diese Vereinbarung diente den Interessen beider Seiten: Die Römer erhielten durch sie die vertraglich gesicherte Gewähr, daß Hasdrubal sich nicht in die zu erwartenden keltisch-römischen Auseinandersetzungen einschaltete, und Hasdrubal, der zu dieser Zeit noch im südlichen Spanien stand, erlangte durch sie – was Rom anbelangte – die Möglichkeit, fast die gesamte Iberische Halbinsel zu einer karthagischen Provinz zu machen. Sollte dennoch eine der beiden Seiten als Verlierer der Vereinbarungen von 226/25 zu betrachten sein, dann sicher nicht Hasdrubal. Die militärischen, politischen und diplomatischen Ereignisse, die sich in diesen Jahren in Spanien abspielten, stellten aber bereits die Ouvertüre zum 2. Römischen Krieg dar.

Schon in der Antike wurden die Gründe, die den 2. Römischen Krieg (218–201), „den denkwürdigsten aller Kriege, die je geführt worden sind" (Livius), verursacht hatten, engagiert diskutiert. M. E. konnten die Römer keinen Grund vorbringen, der vor den Normen des internationalen Rechts hätte bestehen können, als sie im Jahre 218 in den Krieg eintraten, der über die Herrschaft über die Länder des westlichen Mittelmeerraums entscheiden sollte. Diese schlichte Tatsache wurde aber durch die Aussagen römischer Politiker und Historiker vernebelt, die es zum einen für politisch inopportun hielten, die ungeschminkte Wahrheit zu sagen, und die zum anderen von der ideologisch begründeten Überzeugung durchdrungen waren, nach der jeder Krieg, den Rom führte, ein „gerechter Krieg" war.

Wenn aber die Römer sich gezwungen sahen, vor dem Ausbruch des Krieges mit einem juristischen Scheingrund – der angeblich bestehenden Bündnispflicht gegenüber der iberischen Stadt Saguntum – zu operieren, dann zeigt dies nicht nur, daß sie sich der Unrechtmäßigkeit ihres Tuns bewußt waren, sondern läßt auch ahnen, daß sie sich über die weitreichende Bedeutung ihres Entschlusses völlig im klaren waren.

Rom, das in den Jahren vor dem Ausbruch des Hannibalischen Kriegs in der Po-Ebene und in Illyrien entscheidende militärische Erfolge errungen hatte, ging nunmehr daran, den letzten Rivalen, der im Bereich des westlichen Mittelmeers noch existierte, in seine Schranken zu weisen. Die Frage, welche territorialen Gewinne die Römer in ihre Planungen einbezogen, ist schwer zu entscheiden. Vielleicht ist aber in diesem Zusammenhang zu erwähnen, daß sie vor dem Beginn des Krieges der Ansicht waren, der Krieg werde *in Spanien* geführt werden – und vielleicht darf man hinzusetzen: auch *um Spanien*.

Hannibal, der Heros des nach ihm benannten Kriegs, hatte bei seinen Entscheidungen davon auszugehen, daß die Römer bei Kriegsbeginn versuchen würden, in Spanien und u. U. auch in Afrika zu landen. Es galt, gegen diese zu erwartenden Angriffe wirkungsvolle Gegenmaßnahmen zu treffen. Dies war jedem Einsichtigen klar. Daß aber die Gegenmaßnahme, die die beste Gewähr für die Sicherheit Spaniens und Afrikas bieten würde, die Bindung und schließlich die Überwindung der römischen Kräfte in Italien sein würde, dies war ein Gedanke, der nur dem genialen Kopf eines Hannibal entspringen konnte. Um den Krieg rasch nach Italien hinüberzutragen – und darauf kam ja alles an! –, war es aber erforderlich, den Landweg über Südfrankreich zu wählen; denn die karthagische Flotte war keinesfalls imstande, Truppen und Material in erforderlicher Zahl und Menge nach Italien zu transportieren. Karthago war in Spanien zu einer Landmacht geworden.

Der Weg bis zur Rhone war weithin durch die Gegebenheiten der Natur vorgezeichnet. Nach dem Übergang über die Rhone aber mußte man sich entscheiden, ob man die Po-Ebene, in der die keltischen Alliierten des Karthagers ihre Wohnsitze hatten, über die Küstenstraße der Provence oder über einen Alpenpaß erreichen wollte.

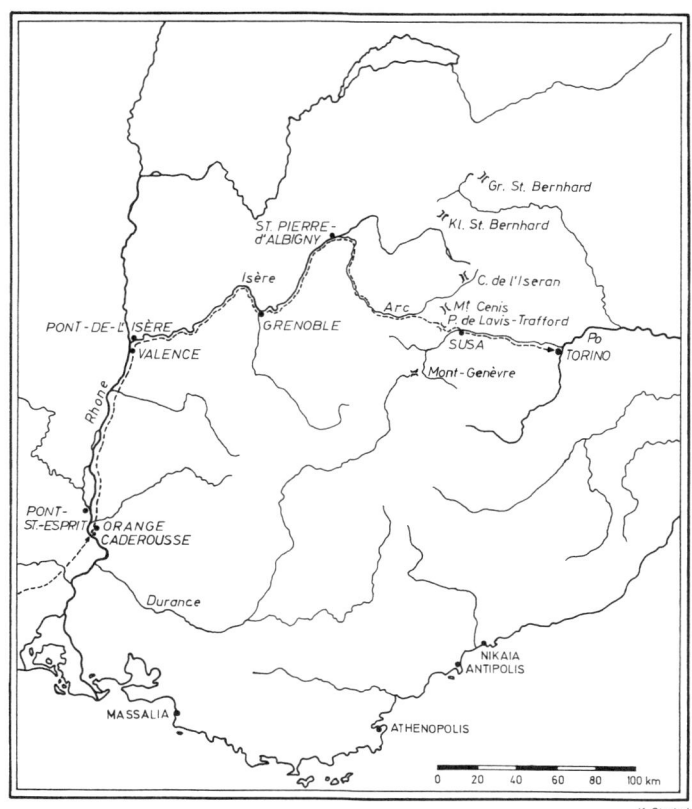

K. Strobel

3. Der Alpenübergang des Hannibal

Der Weg an der Küste entlang schien gefährlicher zu sein – so entschied man sich für einen Weg durch die Alpen. Die Stationen dieses Weges waren m. E. Pont-de-l'Isère – St. Pierre-d'Albigny – Tal des Arc – Col du Clapier (genauer: Pas de Lavis-Trafford) – Susa – Torino.

Am Ticinus siegte Hannibal in einem Treffen der Kavallerieeinheiten (218), am Trebia in der ersten großen Schlacht

(218) und am Trasimenischen See in der nächsten großen Schlacht (217). Die Entscheidung schien dann die Schlacht von Cannae zu bringen, in der wahrscheinlich 59 500 Römer fielen und 12 000 Römer gefangengenommen wurden (216). Am Abend dieser Schlacht gab es auf dem Boden Italiens kein römisches Heer mehr. Mit einem alsbaldigen Marsch nach Rom rechneten offenbar Freunde wie Feinde des Hannibal. Der Kavallerieoffizier Marharbal, der das Zögern des Hannibal bemerkte, soll gar gesagt haben: „Zu siegen verstehst du, Hannibal, den Sieg zu nutzen, verstehst du nicht" (Livius)! Hannibal zog nicht nach Rom. Warum? Vermutlich deswegen nicht, weil er zum einen der Überzeugung war, eine Belagerung der Stadt zwinge ihn, „entweder seine Mobilität zu opfern oder seine Armee zu zergliedern und die Grundsätze der Organisation und Machtkonzentration zu mißachten" (Donaldson), und weil er zum anderen der Hoffnung war, dem Tag von Cannae würde der Zusammenbruch der römisch-italischen Wehrgemeinschaft folgen – ein Zusammenbruch, der mit der Zerstörung der Fundamente der Macht Roms gleichbedeutend sein würde.

Auch nach der Schlacht von Cannae ließ Hannibal – wie schon bei früheren Gelegenheiten – die gefangengenommenen Bundesgenossen der Römer frei. Es ist anzunehmen, daß die Maßnahme der Freilassung von römischen Bundesgenossen nie einen größeren propagandistischen Erfolg erzielte als damals. Gegenüber den in Gefangenschaft geratenen Römern erklärte er, er führe gegen den römischen Staat keinen Vernichtungskrieg, es gehe ihm nur um „Ehre und Herrschaft" (Livius).

Zehn von den römischen Gefangenen gewählte Vertrauensmänner wurden nach Rom geschickt, um vom Senat die Zustimmung zu den Freilassungsbedingungen des Hannibal zu erwirken. Mit ihnen ging Carthalo, ein Vertrauensmann des Hannibal, um dem Senat die Friedensbedingungen des Siegers zu unterbreiten. Doch der Senat kaufte weder die Gefangenen frei noch trat er in Friedensverhandlungen ein.

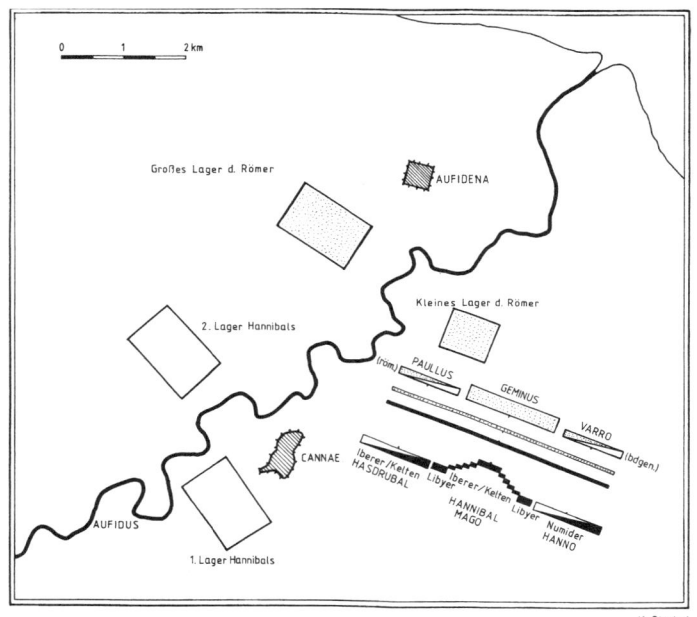

4. Die Schlacht von Cannae
(in Anlehnung an J. Kromayer, Schlachten-Atlas, Röm. Abt. Blatt 8 a)

Die Kämpfe gingen weiter: in langsam zunehmendem Maße in Italien, außerdem auf Sizilien und in Spanien. Im Jahre 215 erhielt der Krieg eine neue Dimension: die hellenistische Großmacht Makedonien griff in das Kriegsgeschehen ein. Damit wurden auch die Balkanhalbinsel und die Ägäis in die große Auseinandersetzung zwischen Karthagern und Römern einbezogen.

Über die politische Rolle, die Rom nach den Vorstellungen des Hannibal nach Kriegsende spielen sollte, sagt der Vertragstext, den Hannibal und Philippos V. unterzeichneten, naturgemäß nur in beschränktem Umfang etwas aus. Immerhin läßt er aber so viel erkennen, daß Hannibal einerseits keineswegs an eine Vernichtung der staatlichen Existenz Roms dachte, daß er aber andererseits jeden römischen Einfluß auf der Balkanhalbinsel ausgeschaltet wissen wollte. Sicher kam Hannibal mit der Aufnahme der die Balkanhalbinsel betreffenden Bestimmungen in den Vertrag einem Wunsch des Philippos entgegen, doch spricht alles dafür, daß diese Bestimmungen ganz seiner eigenen politischen Konzeption entsprachen – daß sie also nicht widerwillig gewährte Konzessionen waren. Wenn man davon ausgeht, daß Hannibal sicher Sizilien, Sardinien und Korsika – um von den kleineren Inseln zu schweigen – den Römern nehmen wollte, und wenn man in Rechnung stellt, daß er mit der zielbewußt eingesetzten Freiheitsparole nicht nur die oberitalischen Kelten, sondern alle römischen Bundesgenossen ansprach, dann wird man kaum fehlgehen, wenn man annimmt, daß sich nach den Vorstellungen des karthagischen Feldherrn der politische Einfluß Roms nach dem Abschluß des Friedensvertrags auf ein Gebiet beschränken sollte, das etwa dem Gebiet entsprechen würde, das Rom vor dem Ausbruch des 3. Samnitischen Kriegs (298 bis 290) beherrscht hatte. Rom sollte wohl auf den Stand einer italischen Mittelmacht gebracht werden.

Doch die Erfolge stellten sich nicht in dem Umfang ein, den Hannibal erhofft hatte. Ein Lichtblick allerdings war der Kriegseintritt von Syrakosai auf karthagischer Seite (vielleicht noch im Jahre 215). Insgesamt gesehen gewannen jedoch die Römer – trotz mancher Rückschläge – langsam an Boden: sie eroberten Syrakosai (212 ?), Capua (211), Taras (209), Carthago Nova (209) und gewannen am Metaurus die Schlacht gegen Hasdrubal, der auf den Spuren seines Bruders Hannibal von Spanien nach Italien gezogen war, um zusammen mit seinem Bruder dem Krieg die entscheidende Wende zu geben (207). Hannibal schien zu resignieren. Weitere Hiobs-Botschaften trafen ein: Spanien mußte geräumt werden (206), und im Osten ging der Krieg zu Ende (205). In Karthago begann man, mit einer römischen Invasion zu rechnen. Und diese Befürchtung bewahrheitete sich. Im Jahre 204 landeten die römischen Truppen beim Kap Farina. Hannibal mußte zurückkehren (203). Bei Naraggara in der Nähe von Zama verlor er die entscheidende Schlacht (202).

Der Sieger P. Scipio stellte den Karthagern einen Friedensvertrag in Aussicht, der folgende Bestimmungen enthielt: 1. Die Römer und die Karthager sind Freunde und Bundesgenossen. 2. Die Karthager behalten die Autonomie. 3. Die Karthager erhalten die Besatzungsfreiheit. 4. Die Karthager behalten die in Afrika liegenden Städte und Gebiete, die Sklaven, das Vieh und den sonstigen Besitz, soweit sie über diesen Besitz zum Zeitpunkt des Übersetzens des P. Scipio nach Afrika und innerhalb der Phoinikischen Gräben verfügt haben. 5. Die Städte, die Gebiete, die Häuser und der sonstige Besitz, der dem Massinissa oder seinen Vorfahren gehört hat und der innerhalb des noch zu bezeichnenden karthagischen Gebiets liegt, ist an Massinissa zurückzugeben. 6. Die Karthager liefern die Kriegsgefangenen, Überläufer und Deserteure aus. 7. Die Karthager rufen die noch in ligurischem (und keltischem) Gebiet stehenden Truppen zurück. 8. Die Karthager liefern alle Schlachtschiffe bis auf zehn Trieren den Römern aus und unterhalten in Zukunft eine Flotte von höchstens zehn Schlachtschiffen. 9. Die Karthager überstellen alle Elefanten den Römern und richten in Zukunft keine Elefanten zu militärischen Zwekken ab. 10. Die Karthager verpflichten sich, gegen einen nichtafrikanischen Feind nicht außerhalb Afrikas Krieg zu führen. 11. Die Karthager verpflichten sich, gegen einen afrikanischen Feind nur mit römischer Erlaubnis Krieg zu führen. 12. Den Karthagern ist es verboten, in ligurischem und keltischem Gebiet Söldner zu werben. 13. Den Karthagern ist es verboten, Feinde Roms militärisch zu unterstützen. 14. Die Karthager zahlen 10 000 euboiische Talente Kriegskostenentschädigung, u. zw. in jährlichen Raten von 200 Talenten. 15. Die Karthager stellen 100 vom römischen Feldherrn ausgewählte Geiseln, die nicht jünger als 14 Jahre und nicht älter als 30 Jahre sind. 16. Außerdem werden für die Erfüllung verschiedener Vereinbarungen Fristen festgesetzt. – Römer und Karthager nahmen den Vertrag an.

Sinnbildhafter Ausdruck des mit dem Abschluß dieses Vertrags besiegelten Niedergangs Karthagos war der Brand, den P. Scipio auf hoher See an die karthagische Flotte hatte legen lassen.

Die politische Bewegungsfreiheit des karthagischen Staats war durch die Bestimmungen des Friedensvertrags des Jahres 201 stark eingeschränkt worden. Erschwerend kam hinzu, daß an der Westgrenze des karthagischen Staatsgebiets ein Mann stand, der den Traum eines großnumidischen Reichs träumte: Massinissa, der Sohn des Gaia.

Die innenpolitische Szene Karthagos wurde nach wie vor von den traditionellen politischen Gruppierungen beherrscht. Die barkidische „Partei" verlor keineswegs ihren Einfluß – im Gegenteil! Für das Jahr 196 wurde der Mann, der die Hauptfigur des verlorenen Krieges gewesen war, zum Sufeten gewählt: Hannibal, der Sohn des Hamilcar. Hannibal betrachtete die Ordnung des zerrütteten Finanzwesens als vordringliche Aufgabe. Als er hierbei mit dem Finanzminister, der der aristokratischen „Partei" angehörte und der kurz vor der Aufnahme in das Kollegium der Einhundertvier stand, in Konflikt geriet, benützte er diese Gelegenheit, um eine Änderung der Staatsverfassung herbeizuführen – eine Änderung, die einer Revolution gleichkam. Waren bisher die Mitglieder des Kollegiums der Einhundertvier auf Lebenszeit bestellt worden, so sollten sie in Zukunft jährlich gewählt werden, wobei die Möglichkeit der Kontinuation des Amtes ausgeschlossen sein sollte. Dies bedeutete nichts anderes als die Stürmung eines Bollwerks des innenpolitischen Gegners. Die aristokratischen Gegner des Hannibal gingen in ihrem Haß so weit, daß sie sich in würdeloser Weise an ihre römischen Gastfreunde wandten, um die Hilfe des römischen Staats bei der Ausschaltung des „ersten Mannes im Staat" (Livius) zu erlangen; sie verdächtigten Hannibal der gegen Rom gerichteten Kollaboration mit dem seleukidischen König Antiochos III. Die römischen Senatoren aber beschlossen – angeblich gegen den Widerstand des Älteren Scipio –, Gesandte nach Karthago zu schicken, die sich an Ort und Stelle ein Bild über die politischen Zustände machen sollten. Hannibal gab sich über die Absichten dieser Gesandten, die im Lauf des Jahres 195 in Karthago eintrafen und die vorgaben, wegen der Schlichtung von Grenzstreitigkeiten zwischen den Karthagern und Massinissa gekommen zu sein, keinen Illusionen hin. Um der gefährlich sich zuspitzenden Situation zu entrinnen, verließ er an einem Hochsommertag dieses Jahres – bei Anbruch der Dämmerung – die Stadt und reiste über sein zwischen Thapsos und Acholla liegendes Landgut nach Kerkenna und von dort über Tyros, Antiocheia und Daphne nach Ephesos, wo er von Antiochos freundlich aufgenommen wurde. Die romhörige „Partei" hatte einen bedeutenden Sieg errungen. Hannibal aber sollte seine Heimat nie mehr sehen.

Ende der 60er Jahre nahmen die politischen Richtungskämpfe in Karthago an Schärfe zu. Insbesondere scheint die national-demokratische „Partei", an deren Spitze Hamilcar der Samnite und Carthalo standen, an Einfluß gewonnen zu haben – vermutlich auf Kosten der prorömischen „Partei", die von Hanno dem „Großen" geleitet wurde. Die Anhänger einer dritten Fraktion – ihr Sprecher war Hannibal der Star – waren der Ansicht, durch ein Zusammengehen mit Massinissa seien die Probleme der karthagischen Politik am ehesten zu meistern.

Die Zuspitzung der innenpolitischen Situation war zu einem wesentlichen Teil das Ergebnis der sich häufenden aggressiven Aktionen des numidischen Königs gegen den karthagischen Staat. Am Ende der 50er Jahre setzten dann in Karthago – im Anschluß an eine neuerliche karthagisch-numidische Konfrontation – die entscheidenden Beratungen ein. Hatten die Karthager bisher – getreu den Bestimmungen des Vertrags des Jahres 201 – keine ernsthafte militärische Auseinandersetzung mit Massinissa ausgetragen, so entschlossen sie sich nunmehr, der numidischen Expansion militärisch zu begegnen. Doch die karthagisch-numidische Auseinandersetzung des Jahres 150 endete für Karthago mit einem militärischen Fiasko.

Die Römer aber, die bereits in den letzten Jahren hellhörig geworden waren, entschlossen sich im selben Jahr 150, in

Nordafrika militärisch zu intervenieren – genauer gesagt: in Nordafrika reinen Tisch zu machen.

Nach den Aussagen der antiken Historiker ist es die Furcht gewesen, die zum Ausbruch des 3. Römischen Kriegs (149 bis 146) geführt hat – die Furcht Roms vor Karthago. Diese Auskunft erschien aber vielen modernen Historikern als vage, schief oder gar verkehrt. Sie hielten eine Kritik der Furcht-Theorie um so eher für berechtigt, als diese Theorie in der Antike keineswegs allein das Feld der Diskussionen, die um den 3. Römischen Krieg geführt wurden, beherrscht hat. So wurde in der Moderne behauptet, aus merkantilen Gründen hätten die Römer den Untergang Karthagos beschlossen. Doch findet diese Hypothese, hinter der eher die ökonomisch-politische Wirklichkeit des ausgehenden 19. und des beginnenden 20. Jhs. als die politische Situation des 2. vorchristlichen Jahrhunderts steht, an den antiken Zeugnissen keinen Rückhalt. Sie dürfte heute kaum noch Anhänger haben. Dagegen strahlt eine andere Hypothese noch immer einen gewissen verführerischen Glanz aus – die Hypothese, die besagt, Rom habe Karthago nicht Karthagos, sondern Numidiens wegen zerstört: der Zweck der Zerstörung Karthagos sei die Unterbrechung des Prozesses der numidischen Großmachtbildung gewesen. Doch ist auch in diesem Fall zu betonen, daß kein antiker Autor einen derartigen Gedanken geäußert hat. Im übrigen scheinen die Anhänger dieser Hypothese die Breite des Instrumentariums, über das Rom verfügte, um Massinissa notfalls in die Schranken zu weisen, zu unterschätzen. So wird es sich empfehlen, den Aussagen der antiken Autoren mehr Vertrauen zu schenken, als dies bisher vielfach geschehen ist.

Der Beschluß der römischen Senatoren sah aber nicht nur vor, mit den Karthagern Krieg zu führen, sondern auch, die Stadt Karthago in diesem Krieg zu zerstören. Zugleich vereinbarten sie, den Kriegsbeschluß zunächst geheimzuhalten. Im nächsten Jahr begründeten sie in der Öffentlichkeit den Kriegsbeschluß mit den Sicherheitsinteressen Roms – und dies nach der karthagischen Vertragsverletzung des Jahres 150 nicht einmal zu Unrecht!

Die nicht zu mißdeutenden Schritte, die die römischen Senatoren und Oberbefehlshaber in den nächsten Monaten unternahmen, lösten in Karthago tiefe Niedergeschlagenheit aus; denn die Stadt war auf eine Kraftprobe mit Rom – sieht man von dem relativ gut gefüllten Waffendepot ab – in keiner Weise vorbereitet. Das Heer war in der Auseinandersetzung mit Massinissa aufgerieben worden; eine Flotte, die diesen Namen verdiente, existierte nicht; das militärische Potential der Weltmacht Rom war erdrückend; und außerdem war mit dem Abschluß eines römisch-numidischen Pakts zu rechnen. Nur von diplomatischen Schritten war noch Rettung zu erhoffen. Doch auch diese Schritte führten nicht zum Ziel. Vielmehr trieben die Römer die Karthager mit perfiden und demütigenden Maßnahmen in die Enge. Der Verzweiflungskampf begann.

Überraschenderweise konnten sich die Karthager in den Jahren 149 und 148 gut behaupten. Erst als der Jüngere Scipio im Frühling des Jahres 147 den Oberbefehl in Afrika übernahm und die Belagerung der Stadt forcierte, begann sich das Blatt zu wenden. Die Entscheidung fiel dann im nächsten Jahr. Der Einheit des C. Laelius, des Freundes Scipios, gelang es, die Mauer, die den Militärhafen der Stadt umgab, zu ersteigen. Weitere Einheiten folgten. Sechs Tage und sechs Nächte dauerte das Morden und Brennen. Erst am siebten Tag kapitulierten die Truppen, die sich auf die Byrsa zurückgezogen hatten. Die Überläufer, die mit keinem Erbarmen rechnen konnten, kämpften zunächst weiter und verbrannten dann in dem Feuer, das sie selbst an den Tempel des Eschmun gelegt hatten. Mit ihnen starb die Frau des Hasdrubal, des letzten Oberkommandierenden Karthagos.

Als Scipio über die in Flammen stehende Stadt blickte, kamen ihm die Tränen. Auf die Frage seines Lehrers Polybios, warum er weine, antwortete er, er denke an die Zerbrechlichkeit des Glücks – vielleicht werde Rom eines Tages ein ähnliches Schicksal erleiden. Und er zitierte das Wort des Dichters:

„Kommen wird einst der Tag, an dem die heilige Ilios
        zugrunde geht
und Priamos und das Volk des lanzenkundigen Priamos."

Nachdem die Siegesnachricht in Rom eingetroffen war, schickte der Senat ein Kollegium von zehn Männern (decemviri) nach Afrika, die zusammen mit Scipio die nötigen Entscheidungen treffen sollten. Sie faßten folgende Beschlüsse: Scipio zerstört, was von Karthago noch steht; der Boden Karthagos darf nicht mehr bewohnt werden; das Gebiet der Byrsa und der Vorstadt Megara wird verflucht; die karthagotreuen Städte werden ebenfalls zerstört; die prorömischen Städte werden mit der Zuweisung von Grund und Boden belohnt; den übrigen Bewohnern des Landes wird eine Grund- und Kopfsteuer auferlegt; das karthagische Territorium wird in Zukunft von römischen Promagistraten verwaltet.

Der karthagische Staat hatte zu existieren aufgehört.

3. Die kulturellen Beziehungen

Wie die Griechen sahen auch die Römer die Karthager in einem Licht, das durch die karthagisch-römischen Kriege verdüstert war. Ihre Politiker und Historiker beklagten sich häufig über die „punische Treue". Karthagisches Wesen war ihnen vielfach gleichbedeutend mit Verlogenheit und Wortbrüchigkeit im privaten und im politischen Bereich. Da die Römer selbst sich als das vertragstreueste Volk der Welt betrachteten – „ein aufgrund seiner unverbrüchlichen Treue berühmtes Volk" (Silius)! –, sahen sie sich gerade hinsichtlich der Treue in einem unüberbrückbaren Gegensatz zu den Karthagern. Ein unberechtigter Vorwurf, ja ein Vorwurf, der zumindest hinsichtlich seines außenpolitischen Aspekts eher gegen seine Urheber zu erheben ist! Zwar scheinen die Römer gelegentlich auch positiv über die Karthager geurteilt zu haben – Cicero etwa nennt den karthagischen Philosophen Kleitomachos einen „Mann ..., scharfsinnig wie ein Punier" –, doch waren derartige Urteile fast ambivalente Urteile; denn der „scharfsinnige" Punier war vom „durchtriebenen" Punier nicht weit entfernt. Des weiteren hielten die Römer die Habsucht für einen typisch karthagischen Charakterzug. Und um das Maß des Abstoßenden voll zu machen, beschuldigten sie ihre karthagischen Gegner schließlich der Grausamkeit, der Arroganz und der Irreligiosität. Allerdings ist zu berücksichtigen, daß die Römer einen großen Teil dieser Wertungen von den Griechen übernahmen.

Trotz dieser negativen (Vor-)Urteile verschmähten es die Römer nicht, in größerer Zahl karthagische Techniken und Produkte zu übernehmen. Diese Techniken und Produkte beschränkten sich allerdings auf den Bereich der materiellen Kultur.

V. Staatsverfassung und Reichsverwaltung

Die antiken Autoren, die zur karthagischen Verfassung Stellung nahmen, äußerten sich weitgehend positiv. Diese positive Sicht dürfte z. T. mit der Tatsache zusammenhängen, daß die „gemischte Verfassung" seit Platon bei vielen Staatstheoretikern eine geradezu kanonische Geltung besaß – und in Karthago schien diese Form der Verfassung verwirklicht zu sein.

Ähnlich wie Aristoteles, Cato und Cicero sah auch Polybios in der Existenz von Königen, Senat und Menge das Charakteristikum der karthagischen Verfassungswirklichkeit.

In der Forschung wurde gelegentlich bestritten, daß unter den von den antiken Autoren als „Könige" bezeichneten Funktionären des karthagischen Staats durchgängig Sufeten (špṭm) zu verstehen sind. Derartige Zweifel scheinen unbegründet zu sein.

Über die Befugnisse der (meist zwei) Sufeten sind wir nur zu einem Teil informiert. Aus der Wiedergabe der Amtsbezeichnung Sufet mit „König" lassen sich nur vage Rückschlüsse auf die Machtvollkommenheiten der Inhaber dieses Amtes ziehen. Offensichtlich vertraten sie als „oberste Behörde" (Livius) die staatlichen Belange nach außen hin. Wie schon der Name špṭ („Richter") vermuten läßt, stand das Gerichtswesen weithin unter ihrer Aufsicht. Weiterhin besaßen sie das Recht zur Einberufung des Senats, zur Leitung der Verhandlungen im Senat und zur Vorlage von Anträgen an den Senat. Bei der Gesetzgebung spielten sie ebenfalls eine entscheidende Rolle. Aller Wahrscheinlichkeit nach hatten sie auch das Recht, die Volksversammlung einzuberufen. Auch die Staatsfinanzen scheinen letzten Endes von ihnen überwacht worden zu sein. Zur Durchsetzung der staatlichen Belange bedienten sie sich der Polizeikräfte, deren oberste Chefs sie selbst gewesen zu sein scheinen. Wie bedeutend ihre Stellung war, läßt sich schließlich auch daraus ersehen, daß sie – wie die „Großen" – im republikanischen Karthago das Amt innehatten, das in alt-ostphoinikischer Zeit dem König reserviert gewesen zu sein scheint: das Amt des „Erweckers des Gottes (Milkart)".

Die bedeutendste Funktion bei der Gestaltung der Politik übten die Mitglieder des Rats aus, die die Bezeichnung h'drm („die Mächtigen") getragen zu haben scheinen. Aristoteles vergleicht sie mit den spartanischen Geronten. Sie spielten insbesondere bei den Entscheidungen über Krieg und Frieden die zentrale Rolle. Außerdem verfügten sie in Zeiten militärischer Auseinandersetzungen über beträchtliche Kompetenzen. Allem Anschein nach betrug ihre Zahl 300.

Innerhalb des Senats gab es einen „heiligeren Rat", eine Regierungsmannschaft, von der Livius sogar sagt: „Ihre Macht ist außerordentlich groß, so daß von ihr sogar der Senat beherrscht wird." Zu diesem „heiligeren Rat" zählten anscheinend 30 Senatoren, die jährlich gewählt worden sein dürften.

Als ein besonderes Kennzeichen der karthagischen Volksversammlung ('m) betrachtet Aristoteles den Umstand, daß sie das Recht besaß, Entscheidungen zu fällen. Außerdem durfte sie die „Beamten" – jedenfalls die Sufeten und die Feldherrn – wählen. Und schließlich konnte sie, wie es scheint, Verbannungsurteile aussprechen.

Eine herausragende Bedeutung im politischen Leben Karthagos gewann der Staatsgerichtshof der Einhundertvier, der um die Mitte des 5. Jh. installiert worden zu sein scheint. Vor dieser „bedeutendsten Behörde" (Aristoteles) hatten sich die Generale nach dem Abschluß der Feldzüge zu verantworten. Aristoteles vergleicht die Position der Einhundertvier mit der Position der spartanischen Ephoren. Es scheint, daß das Kollegium der Einhundertvier im Laufe der Zeit seine Kompetenzen stark erweiterte – Livius spricht im Hinblick auf das Jahr des Sufetats des bekannten Hannibal von einer „maßlosen Herrschaft des Gremiums der Richter". Der populare Politiker Hannibal war es denn schließlich auch, der in diesem Jahr 196 – wie erwähnt – die revolutionäre Verfassungsänderung durchsetzte, die vorsah, daß in Zukunft die Richter jährlich zu wählen seien und daß sie ihr Amt nicht verlängern lassen dürften.

Neben dem Amt der Sufeten und den Gremien des Senats, der Volksversammlung und des Staatsgerichtshofs gab es als weitere Institutionen des karthagischen Staats die Ämter des Großen (= rb) bzw. der Großen (= rbm), der Kontrolleure (= mḥšbm), der Richter und des Hüters der Moral (praefectus morum).

Das karthagische Reich war ein kompliziertes politisches Gebilde, das sich aus staatsrechtlich verschiedenartigen Elementen zusammensetzte. Über die Einzelheiten der Organisation dieses Gebildes sind wir in vielen Fällen nicht informiert, doch besitzen wir immerhin im sog. Eid des Hannibal ein authentisches Dokument, das uns in grundsätzlicher Form über die verschiedenen Teile des Ganzen und dessen Umfeld unterrichtet.

An der Spitze der Pyramide des Reichs standen „die Herren Karthagos", die vollberechtigten Bürger Karthagos, die gewöhnlich keine finanziellen Lasten für die Organisation des Reichs getragen zu haben scheinen.

Darunter befanden sich „die von den Karthagern Abhängigen, die dieselben Gesetze haben", die Bürger der ehemals westphoinikischen Städte und der punischen Kolonien. Unter diesen nahmen die Itykaier eine Sonderstellung ein. Die „Abhängigen", deren Städte verfassungsmäßig gleich oder doch ähnlich strukturiert waren wie die Stadt der Karthager, besaßen eine gewisse von der Hegemonialmacht eingeräumte Autonomie. Daß die „Abhängigen" bzw. die Libyphoiniker partiell den Karthagern gleichgestellt waren, wird beispielsweise darin sichtbar, daß sie das „Wechselheiratsrecht" (epigamia) besaßen. Außerdem hatte eine Reihe von ihnen das Münzrecht – zu diesen Städten zählten Herakleia Minoa (?), Motye, Panormos, Solus, Ebusos und Gades. Doch besteht kein Zweifel daran, daß die Souveränität der bundesgenössischen Städte – jedenfalls in „klassischer" Zeit – prekär war. Auf die enge Abhängigkeit von der Hegemonialmacht weist ja schon die Verwendung des Begriffs „Abhängige" im „Eid des Hannibal" hin. Auch der Gebrauch des Begriffs „Bundesgenossen" läßt keineswegs auf die Gleichrangigkeit der Karthager und ihrer „Bundesgenossen" schließen – im Gegenteil! Aus den Texten der ersten beiden karthagisch-römischen Verträge beispielsweise ist deutlich zu ersehen, daß die „Bundesgenossen" im Grunde „Untergebene" waren. Die Abhängigkeit dieser Städte von der Vormacht ist insbesondere aus der Tatsache, daß ihre Bewohner zur Zahlung von direkten Steuern verpflichtet waren, klar zu erschließen. Außerdem waren die „Bundesgenossen", die – in „klassischer" Zeit – keine eigenen Flotten besessen zu haben scheinen, zur Heeresfolge verpflichtet. Schließlich war es ihnen nicht gestattet, eine selbständige Außenpolitik zu treiben – dazu gehörte auch das Verbot, untereinander Allianzverträge zu schließen. Karthago hatte die Regelung ihrer außenpolitischen Beziehungen ganz an sich gezogen. Es ist verständlich, daß die Verbündeten in Krisenzeiten nicht immer die Partei der Karthager ergriffen.

In noch stärkerem Maße als die „Abhängigen" waren „die Städte und Völker, die den Karthagern untergeben sind", zu denen insbesondere die Libyer und teilweise die Numider zu rechnen sind, vom Willen der karthagischen Herren abhängig.

Die Verwaltung der einzelnen „Provinzen" folgte – entsprechend dem ursprünglichen Status der Provinzbewohner und entsprechend der historischen Entwicklung der Provinzen – verschiedenen Gesetzen.

Im afrikanischen Einflußbereich der Karthager lebten – abgesehen von den Libyphoinikern, die einen großen Teil der Küste von Mogador bis Philainon Bomoi bewohnten – die Libyer und ein Teil der Numider. Über die Administration der zahlreichen libyschen „Städte", die vielfach den Charakter von Kastellen hatten, sind wir nur vage unterrichtet. Die „Tribute", zu deren Zahlung die Libyer verpflichtet waren, beliefen sich für die Bauern auf ein Viertel der Ernteerträge und für die Städter auf entsprechend hohe Abgaben. Dies waren jedenfalls die Tribute, die in normalen Zeiten abzuführen waren – in der Zeit des 1. Römischen Kriegs wurde die Summe verdoppelt. Natürlich waren die Libyer zur Stellung von Truppen verpflichtet. Daher wurden die libyschen Soldaten, sofern sie karthagische „Untergebene" waren, nicht geworben, sondern ausgehoben. Dennoch erhielten sie Soldzahlungen. Da es die Karthager weithin nicht verstanden, die Libyer von der Vorteilhaftigkeit einer karthagisch-libyschen Zusammenarbeit zu überzeugen, entstanden zwischen beiden Gruppen Spannungen, die sich gelegentlich in Revolten entluden, deren Niederschlagung erneut Spannungen erzeugte. So ist es auch kein Wunder, daß die Libyer den Invasoren Agathokles, Regulus und Scipio nur geringen oder keinen Widerstand entgegensetzten. Jenseits der Grenzen der libyschen Provinz wohnten die Numider, die unter der Herrschaft von Dynasten standen. Grundsätzlich waren sie autonome Herren ihres Landes. Je näher aber ihre Wohnsitze den Grenzen der karthagischen Provinz lagen, desto prekärer scheint ihre Autonomie gewesen zu sein. Die numidischen Stämme, die in einem „Bundesgenossen"-Verhältnis zu den Karthagern standen und die sich Verstöße gegen den Geist oder den Buchstaben des „Bundesgenossen"-Vertrags zuschulden kommen ließen, wurden sogar auf den Status von „Untergebenen" hinabgedrückt und zur Zahlung von „Abgaben" verpflichtet. Um sich der Treue der bundesgenössischen numidischen Stämme zu versichern, legten die Karthager in manche ihrer Städte Besatzungen und verlangten zumindest von manchen von ihnen die Stellung von Geiseln.

Zur sizilischen Epikrateia der Karthager gehörten ehemals phoinikische, punische, elymische, sikanische und – zeitweise – griechische Städte. Wir haben keinen Grund zu der Annahme, daß die Karthager in die autonomen Verwaltungen elymischer, sikanischer und griechischer Städte eingriffen. Sie forderten allerdings von den ehemals phoinikischen, punischen, elymischen und sikanischen Städten den Zehnten, den diese anscheinend teils in Geld, teils in Naturalien bezahlten. Auch von den sikeliotischen Städten ihrer Epikrateia verlangten sie nur die Zahlung von Tributen, die im übrigen nicht sehr hoch gewesen zu sein scheinen. Natürlich waren die Sizilier, die unter karthagischer Herrschaft standen, zur Heeresfolge verpflichtet. Die Nähe der Sikelioten, die vielfach gerne die Rolle von „Befreiern" spielten, ließ es außerdem als erforderlich erscheinen, daß in manche Städte auch in Friedenszeiten Besatzungstruppen gelegt wurden. Die Befehlsgewalt über alle auf Sizilien stationierten karthagischen Truppen scheint in der Hand des „Feldherrn Siziliens" gelegen zu sein, der vermutlich auch mit Fragen befaßt war, die über den militärischen Bereich hinausgingen.

Im übrigen empfahl es sich – aus dem erwähnten Grund, aber nicht nur aus diesem Grund –, die Provinz Sizilien mit größerem Entgegenkommen zu behandeln als die restlichen Provinzen.

Wie in den anderen Provinzen werden auch auf Sardinien die ehemals phoinikischen Städte eine relative Autonomie bewahrt haben. Dennoch scheinen nicht nur die Bewohner der übrigen Städte der Insel und die Bewohner des flachen Landes, sondern auch die Bewohner der ehemals phoinikischen Städte in engerer Abhängigkeit von der karthagischen Führung gestanden zu sein als etwa die Bewohner der sizilischen Epikrateia. Möglicherweise standen die Sarden – staatsrechtlich gesehen – auf derselben Stufe wie die Libyer; doch werden ihre Abgaben, die vor allem in der Lieferung von Getreide bestanden, in normalen Zeiten kaum über den Zehnten hinausgegangen sein.

Wir wissen nicht, ob der punisch beherrschte Teil Iberiens in vorbarkidischer Zeit je in einer provinzähnlichen Form organisiert war. Vermutlich nicht. Und auch in barkidischer Zeit bildete Iberien nicht eine eigene Provinz, sondern wurde zusammen mit Afrika verwaltet. Unter den ehemals phoinikischen Städten scheint Gades eine besondere Position eingenommen zu haben. Diese Stadt besaß als einzige das Prägerecht. In die inneren Angelegenheiten der iberischen Stämme griffen die Karthager nicht ein. Sie waren nur daran interessiert, daß die iberischen Stämme regelmäßig ihre Tribute entrichteten und die geforderten Kontingente stellten. Um sich ihrer Treue zu versichern, verlangten sie die Stellung von Geiseln.

Mit einem Minimum an Aufwand bestritten die Karthager die Verwaltung eines Reichs, in dem in staatsrechtlich abgestufter Form viele Städte und Stämme zusammengefaßt waren, die verschiedenen Nationen, Wirtschaftsräumen, Gesellschaftssystemen und Religionen angehörten. Lange Zeit funktionierte das karthagische Herrschaftssystem – jedenfalls über weite Strecken hin – gut. Je länger, desto deutlicher wurden aber die Mängel dieses Systems sichtbar. Der gravierendste Mangel bestand darin, daß in diesem System der Raum, der für einen Ausgleich der Interessen, für eine Annäherung der Standpunkte vorgesehen war, zu gering bemessen war.

VI. Armee und Marine

Die Karthager waren wie die Bürger aller Handelsrepubliken
zunächst und in erster Linie nicht am Aufbau und Ausbau
starker militärischer Kräfte interessiert. Spätestens seit dem
6. Jh. aber erwies es sich als unumgänglich, militärischen Fragen eine größere Aufmerksamkeit zuzuwenden, wollte man
nicht eine Beeinträchtigung der territorialen und handelspolitischen Interessen durch die Libyer einerseits und die Etrusker
und insbesondere die Griechen andererseits hinnehmen. Je
mehr die Karthager dem effektiven Schutz ihrer Interessen –
insbesondere der Sicherung der Schiffahrtsrouten – ihre Aufmerksamkeit zuwandten, desto mehr wurden sie auf den Weg
einer imperialistischen, mit militärischen Mitteln abgesicherten Expansion gedrängt. Allerdings waren die kühl rechnen-
den karthagischen Kaufleute nicht daran interessiert, starke
militärische Verbände auf Dauer zu unterhalten, sie beschränkten sich vielmehr darauf, für die einzelnen militärischen Aktionen jeweils genügend starke Kräfte zu mobilisie-
ren. Natürlich war eine Mindestzahl von Soldaten, Ruderern
und Schiffen ständig einsatzbereit zu halten – das Niveau insbesondere der Kriegsmarine hätte ohne fortwährende Übung
nicht gehalten werden können.

Der Mann, der das karthagische Militärwesen den Erfor-
dernissen einer neuen Zeit anpaßte, war Hanno der Sabeller.
Vermutlich war er es, der dem Gedanken zum Durchbruch
verhalf, ohne die Indienstnahme bedeutender Söldnerkontin-
gente sei der karthagische Staat zu schwach, um die von ihm
konzipierten außen- und handelspolitischen Ziele zu verfolgen.

Den Kern des Aufgebots bildete die 2 500 Mann umfassende, aus karthagischen Bürgern bestehende „heilige Schar", deren Disziplin und Tapferkeit auch der Feind anerkannte. Neben dem Aufgebot der Bürger standen in den karthagischen
Heeren die Truppen der verschiedenen „Verbündeten", die
Verbände der libyschen, iberischen und zeitweise wahrschein-

lich auch sardischen Untergebenen und schließlich die Kontingente der Söldner, die aus den verschiedensten Völkern insbesondere des westlichen Mittelmeerraums stammten: Je nach den Umständen dienten als Söldner im Heer der Karthager Maurusier, Iberer, Balearer, Kelten, Ligurer, Etrusker, Campaner, Korsen, Sarden, Sikuler und Griechen. Mögen diese Kategorien auch bestanden haben, so waren die Unterschiede zwischen den Angehörigen der einzelnen Kategorien doch nicht allzu beträchtlich – so erhielten sowohl die „Verbündeten" als auch die Untergebenen als auch die Söldner Sold. Die Soldzahlungen werden freilich verschieden hoch gewesen sein: Ein griechischer Hoplites wird mehr erhalten haben als ein konskribierter Libyer.

Das Gros des Heeres wurde von schwerer Infanterie gebildet. Sie wurde von leichter Infanterie unterstützt. Die Ausrüstung der verschiedenen infanteristischen Kontingente war keineswegs uniform, sondern richtete sich nach den regionalen Gewohnheiten.

In hellenistischer Zeit übernahmen die Karthager sowohl die neuen und verbesserten Waffengattungen als auch die militärischen Strategien und Taktiken der führenden hellenistischen Staaten. Insbesondere setzten sie seit dem Jahr 262 die typisch hellenistische Waffe der Kriegselefanten ein. Außerdem bedienten sie sich seit dem Krieg gegen Agathokles hellenistischer Militärberater.

Wenn Polybios behauptet, die Karthager wendeten der Kavallerie nur „einige geringe Aufmerksamkeit" zu, so ist dieser Vorwurf nur bis zu einem gewissen Grad gerechtfertigt. Spätestens seit dem 3. Jh. standen ja den Karthagern die ausgezeichneten numidischen und teilweise auch die iberischen Kavallerie-Schwadronen zur Verfügung, die den Aufbau einer starken, im engeren Sinn karthagischen Kavallerie als überflüssig erscheinen lassen mußten. In früherer Zeit hatten weithin die Streitwagen-Einheiten die Funktionen von Kavallerie-Schwadronen ausgeübt.

Natürlich gab es auch im karthagischen Heer eine Heeresversammlung, deren Kompetenzen jedoch nicht den relativ weitgehenden Kompetenzen der makedonischen bzw. hellenistischen Heeresversammlung entsprachen. Immerhin hatte sie das Recht, im Fall des Todes des Feldherrn einen neuen Feldherrn zu wählen. Diese Wahl bedurfte allerdings der Bestätigung durch die Volksversammlung.

Die Feldherrn, die der höchsten gesellschaftlichen Schicht entstammten und deren Zahl je nach den Umständen schwankte, wurden vom Volk gewählt. Sie hatten das Recht, ihre „Unterfeldherrn" selbst zu ernennen. Und wenn Livius auch übertreibt, wenn er behauptet, der karthagische Feldherr sei „von keinen Fesseln der Zeit oder des Rechts beengt" gewesen, so steht doch außer Frage, daß er über weitreichende Kompetenzen verfügte. Während der Zeit seines Kommandos war er der Rechtsprechung der karthagischen Behörden entzogen. Die Interessen seiner oligarchischen Standesgenossen verlangten allerdings, daß er sich nach der Beendigung der von ihm geführten Kampagne wieder in ihren Kreis zurückzog. Um zu verhindern, daß der Oberkommandierende den Krieg ineffektiv führte oder während der Zeit seines Oberkommandos die Grundlage für eine Tyrannis zu legen versuchte, hatte er sich nach dem Ende seiner Amtszeit vor dem Gerichtshof der Einhundertvier einer strengen Rechenschaftsablage zu unterziehen. Generale, die vor den Augen des Gerichts keine Gnade fanden, wurden nicht selten mit dem Tode bestraft. Griechen und Römern erschien dies als ein Zeichen barbarischer Grausamkeit.

Während die hohen Offiziersstellen selbstredend Karthagern reserviert waren, wurden die niederen Offiziersstellen fähigen Männern der Nationalität gegeben, der ihre Untergebenen angehörten.

Die Kriegsmarine war bis in die Zeit der Römischen Kriege hinein das Rückgrat der karthagischen Streitkräfte. Den größten Teil der Schiffe, der Ruderer und der Marinesoldaten stellte sicher Karthago. Daneben werden insbesondere die libyphoinikischen Städte zum Aufbau der Flotte beigetragen haben. Während im 6. Jh. noch die Pentekontere (ein fünfzigrudriges Schiff) der gängige Schiffstyp war, wurde seit dem

5. Jh. vor allem die Triere (ein Schiff mit drei Rudererreihen) eingesetzt. Im 3. Jh. wurde die Tetrere (ein Schiff mit vier Rudererreihen) – angeblich eine Erfindung der Karthager – gebaut, und in den Römischen Kriegen kam vor allem die Pentere (ein Schiff mit fünf Rudererreihen) zum Einsatz. Am Bau größerer Schiffstypen waren die Karthager nicht interessiert. Nur einmal wird eine Heptere (ein Schiff mit sieben Rudererreihen) erwähnt – und diese war das Admiralsschiff des Pyrrhos gewesen, das die Karthager erbeutet hatten.

Daß die Karthager ausgezeichnete Seeleute waren, wurde auch von ihren Feinden rückhaltlos anerkannt. Das Mittelmeer barg für sie keine Geheimnisse, und auch in den östlichen Teilen des Atlantischen Ozeans fanden sie sich zurecht. Bei Nacht richteten sie ihre Fahrt wahrscheinlich nach dem Kochab (im Sternbild der Kleinen Bärin), der ein sicherer Führer war als die Große Bärin, die von den Griechen als Leit-Sternbild bevorzugt wurde.

Vielfach lag der Oberbefehl über die Seestreitkräfte in derselben Hand wie der über die Landstreitkräfte. Die Karthager hatten es nicht zuletzt ihren hervorragenden Admiralen und Kapitänen zu verdanken, wenn sie lange Zeit das westliche Mittelmeer beherrschten. In der Zeit des 1. Römischen Kriegs erlitt die karthagische Kriegsmarine allerdings Rückschläge, von denen sie sich nie mehr erholen sollte.

VII. Wirtschaft und Gesellschaft

Das wirtschaftliche Leben Karthagos war stark differenziert. Vertreter der verschiedensten Berufe bemühten sich, die wirtschaftlichen Bedürfnisse der Bevölkerung zu befriedigen. So sind allein aufgrund des dürftigen epigraphischen, aus Karthago stammenden Materials folgende Berufe bekannt:

1. aus dem Bereich der Nahrungsmittelproduktion: der Metzger und der Kastrator von Kälbern;
2. aus dem Bereich der übrigen Warenproduktion:
   a) der Leinenweber, der Buntweber, der Produzent von Stoffen, deren Art uns unbekannt ist, der Weber von Stoffen, deren Art wir ebenfalls nicht kennen, der Seiler und der Netzknüpfer (?);
   b) der Schreiner und der Stellmacher;
   c) der Steinmetz und der Hersteller von Marmorarbeiten(?);
   d) der Erzgießer, der Eisengießer, der Goldgießer, überhaupt der Gießer, der Hersteller von Feuerbecken(?), der Ofenfabrikant, der Gefäßfabrikant(?), der Goldschmied und der Graveur (?);
   e) der Striegelfabrikant, der Büchsenfabrikant, der Halskettenfabrikant (?), der Fabrikant von verschiedenen anderen Produkten, der Kistenmacher und schließlich der Fabrikant bzw. der Handwerker in einem allgemeinen Sinn;
3. aus dem Bereich des Bauwesens: der Polier, der Bauarbeiter (?) und der Nivellierer;
4. aus dem Bereich des Handels: der Salzhändler, der Leinenhändler, der Eisenhändler, der Goldhändler, der Elfenbeinhändler (?), der Weihrauchhändler, der Händler, der mit Schilfrohr handelt, der Kaufmann, der mit feinem Schilfrohr handelt, der Salbenhändler, der Händler bzw. der Kaufmann, der mit einer uns unbekannten Ware Handel treibt, überhaupt der Händler bzw. der Kaufmann;

5. aus dem Bereich der privaten und öffentlichen Dienstleistungen: der Walker, der Aufseher der Kleiderkammer (?), der Bote (?), der Arzt, der Dolmetscher (?), der Schreiber, der Vermesser, der Steuereinzieher (?), der Beamte der Kontrolleure (?) und der Herold (?).

Aufgrund des von den epigraphischen Zeugnissen vermittelten Einblicks in die Welt der karthagischen Berufe läßt sich bereits eine ungefähre Vorstellung von der Gestalt der karthagischen Wirtschaft gewinnen. Literarische und insbesondere archäologische Zeugnisse tragen dazu bei, daß das Bild der karthagischen Wirtschaft schärfere Konturen erhält.

Cicero irrt, wenn er von den Karthagern behauptet: „Sie hatten den Ackerbau vernachlässigt." In Wirklichkeit nahm die karthagische Landwirtschaft in ihren vielfältigen Erscheinungsformen spätestens seit dem 4. Jh. einen ungeahnten Aufschwung und hielt diese Höhe bis zum Untergang der Stadt.

Wenn auch einerseits kaum zu bestreiten ist, daß sich in der Nähe Karthagos in größerer Zahl kleinere Güter befanden, die im Besitz einfacher Leute waren, so ist doch andererseits nicht zu leugnen, daß die großen Güter der Vornehmen der karthagischen Landwirtschaft ihr Gepräge gaben.

Nicht vergessen sei schließlich die Fischerei und die fischverarbeitende „Industrie".

Vor allem die Grabbeigaben belehren uns darüber, in welch bedeutendem Umfang die Karthager Waren importierten. Um einen gewissen ökonomischen Ausgleich zu schaffen, war es notwendig, daß auch die einheimische Produktion einen beträchtlichen Umfang erreichte.

Am genauesten sind wir über die Erzeugnisse der Keramik unterrichtet. Ihre Formen sind nicht gerade zahlreich, und ihre Vorbilder sind im mutterländisch-phoinikischen, zyprisch-phoinikischen und griechischen Bereich zu suchen. Neben Gegenständen, die dem täglichen Gebrauch dienten, schufen die karthagischen Töpfer Statuetten, Masken und Büsten.

Von Bedeutung war auch die Textilmanufaktur. So spricht der Komödiendichter Hermippos in den *Korbträgern* davon, daß die Karthager Teppiche und bunte Kopfkissen exportierten, und so berichtet Strabon, daß „die Phoiniker" als erste auf den Balearen Gewänder mit breiten Borten verkauft haben. Auch die Produktion von Purpurstoffen spielte eine beträchtliche Rolle. Außerdem war die Qualität der karthagischen Lederwaren weithin bekannt. Eine Domäne des karthagischen Kunsthandwerks war die Herstellung von Elfenbeinarbeiten, etwa von Kämmen. Insbesondere aber verstanden sich die Karthager auf die Kunst der Metallbearbeitung, und hier in erster Linie auf die Gold- und Silberschmiedekunst. In den Werkstätten der Gold- und Silberschmiede wurden u. a. Halsketten, Ohrringe, Nasenringe, Fingerringe, Amulette und Amulettbehälter angefertigt, außerdem Skarabäen, die als Siegelringe dienten und deren Steine vielfach Karneole und grüne Jaspisse waren. Auch bei der Herstellung von Schmuckwaren ließen sich die karthagischen Handwerker zunächst von ägyptischen, später von griechischen bzw. hellenistischen Vorbildern inspirieren.

Karthago verdankte aber seinen Reichtum, eine der wesentlichen Voraussetzungen seiner politischen Handlungsfähigkeit, nicht so sehr der Landwirtschaft und dem Gewerbe als vielmehr dem Handel – der Ältere Plinius behauptet geradezu: „Die Handelsgeschäfte (haben) die Punier (erfunden)." Und den Handel hatten die Oligarchen, die wohl in erster Linie Reeder und Bankiers waren, in der Hand. Ihre handelspolitischen Aktivitäten, die sie mit Hilfe des Staates durchzusetzen versuchten und weitgehend auch durchsetzten, zielten darauf ab, Import- und Exportmärkte zu erschließen, unliebsame Konkurrenten auszuschalten, in den Fällen, in denen dies nicht möglich war, Verträge zu schließen und fremde Piraten zu bekämpfen. Die antiken Autoren informieren uns zwar nur über Verträge, die die Karthager mit den Etruskern und den Römern schlossen; doch liegt die Annahme nahe, daß sie ähnliche Vereinbarungen beispielsweise auch mit den Akragantinern, den Syrakosiern, den Massalioten und den Kyrenaiern trafen. Bei der Wahl ihrer Mittel scheinen die karthagischen Handelsherrn nicht immer zimperlich gewesen zu sein – jedenfalls behaupteten dies ihre griechischen und römischen Feinde. Als unehrenhaften Broterwerb betrachteten aber weder die Karthager noch ihre Kontrahenten das Geschäft der Piraterie. Im übrigen wohnten höchstwahrscheinlich in vielen Städten – insbesondere in etruskischen und griechischen Städten – Karthager, die dort ihren Handelsinteressen nachgingen. Natürlich gab es umgekehrt auch in Karthago Kolonien ausländischer Kaufleute.

Bedauerlicherweise sind wir über die Import- und Exportgeschäfte der karthagischen Handelsherrn, die ihre Aktivitäten einerseits an den Küsten des Mittelmeers und des Atlantischen Ozeans, andererseits im Inneren Afrikas entfalteten, nur unzureichend informiert. Doch ist uns immerhin bekannt, daß zu den Importen, die aus den Ländern des Mittelmeers und des (europäischen) Atlantischen Ozeans in Karthago eintrafen, Metalle, Spartgras, Papyrus, Silphion, Getreide, Öl, Wein, Fische – insbesondere Thunfische – und Luxusartikel wie etwa Glasfläschchen, Parfumflacons, Parfums, Alabastergefäße, Amulette und Kleinfiguren gehörten. Aus Westafrika und Innerafrika wurden – teilweise unter Vermittlung der Garamanten – Sklaven, Elefanten, Elfenbein, Hörner, Straußenfedern, Straußeneier, Felle und vor allem Edelsteine und Gold importiert. Ein Teil dieses „Reichtums Afrikas" (Diodoros) wurde wiederum exportiert. Außerdem führten die Karthager (jedenfalls in spätpunischer Zeit) neben Getreide Öl und Wein aus – Produkte, die von nur mittelmäßiger Qualität waren. Begehrt waren dagegen karthagische Stoffe und karthagische Lederwaren. Zu den „karthagischen" Exportartikeln, die in den Gebieten der westlichen Aithiopen verkauft wurden, zählten weiterhin Salben, ägyptische Fayencen, attische Keramikwaren und Gefäße. Und schließlich ist zwar nicht zu leugnen, daß der Komödiendichter Plautus mit der Gestaltung des Auftritts des Poenulus Hanno parodistische Effekte erzielen wollte, wenn er diesen – „ein Händler ... ist er!" – mit Nüssen, Schuhriemen, Preßtrögen, Spaten und einer Getreidegabel handeln ließ, doch ist nicht zu verkennen, daß der Karthager den Zeitgenossen des Plautus oder den Zeitgenossen des literarischen Vorgängers des Plautus vielfach als ein Mann galt, der in den verschiedensten Gegenden der Welt mit Gegenständen des täglichen Bedarfs seine Geschäfte zu machen suchte.

Obwohl die Karthager in der punischen Welt eine hegemoniale Stellung einnahmen, waren sie weder willens noch in der Lage, den gesamten Handel in ihre Stadt zu ziehen. Es gab innerhalb des Reichs zahlreiche Zentren, die einen blühenden Handel trieben. Karthago – genauer gesagt: der karthagische Staat – behielt sich allerdings einige Rechte vor: das Recht der handelspolitischen Koordination, das Recht der Besteuerung, das Recht der Ausbeutung der Minen in unterworfenen Gebieten und das Recht des Eingreifens in Fragen der Versorgung der Bevölkerung und der Truppen. Im allgemeinen aber behinderte der karthagische Staat weder die Aktivitäten seiner Bürger noch die seiner Bundesgenossen noch die seiner Untergebenen.

Die karthagische Gesellschaft gliederte sich – jedenfalls in der historisch faßbaren Zeit – in eine Oberschicht und eine Unterschicht. Beide Schichten scheinen nicht streng gegeneinander abgegrenzt gewesen zu sein, doch dürfte der Aufstieg von der Unterschicht in die Oberschicht nur wenigen geglückt sein.

Der beherrschende Einfluß der Angehörigen der Oberschicht gründete sich auf Reichtümer, Ahnen und Ämter. Da sie reich waren, konnten sie das Stimmvieh bezahlen; da sie adeligen Familien entstammten, hatten sie in den Augen der Allgemeinheit die erforderlichen Führungsqualitäten; und da sie – von den höheren geistlichen Ämtern abgesehen – die höheren weltlichen Ämter innehatten, waren sie vielfach in der Lage, ihre politischen Vorstellungen in die Wirklichkeit umzusetzen. Diese führende Stellung haben die Angehörigen der karthagischen „Nobilität" niemals verloren – weder an einen Tyrannen noch an den Demos. Ja es scheint sogar, daß die karthagische „Nobilität" ein gewisses Kastenbewußtsein entwickelte: Das Bad, das die Senatoren aufsuchten, war den Angehörigen des Demos verschlossen. Wie wohl in jeder oligarchisch geführten Republik existierten auch in Karthago zwischen den führenden Familien vielfach starke Rivalitäten, die sich insbesondere im politischen Leben äußerten. Die Wurzeln dieser Rivalitäten mögen teilweise im kommerziellen Bereich gelegen sein.

Die Angehörigen der Unterschicht, die nur in einem begrenzten Umfang an der Gestaltung des politischen Lebens beteiligt waren, scheinen ihren Lebensunterhalt als Kleinbauern, Fischer, Handwerker, Werftarbeiter, Transportarbeiter, Matrosen und Händler verdient zu haben. Vermutlich waren sie aber auch – neben den Sklaven – als Arbeiter in den Manufakturen und auf den Domänen der Reichen beschäftigt.

Zur Unterschicht sind auch die Leute zu zählen, die in einer größeren Zahl von Inschriften unter folgender Formel auftauchen: A. šB. („A. des B.“). Das Relativpronomen š, das hier – wie auch sonst – zur Bezeichnung des Genetivs verwendet wird, dürfte ein individuelles Schutzverhältnis ausdrücken. Die Art des Zustandekommens dieses Verhältnisses und der Umfang der Rechte und Pflichten der Beteiligten lassen sich nicht mehr feststellen. Es scheint sich um ein Patron-Klienten-Verhältnis, nicht um ein Herren-Sklaven-Verhältnis gehandelt zu haben.

Als rätselhaft wird vielfach die Stellung der Männer (und Frauen) betrachtet, die sich in vielen Votivinschriften als 'š Ṣdn („Mann von Sidon“) bezeichneten. Sie dürften Freigelassene gewesen sein, die einen rechtlichen Sonderstatus besaßen.

Die Zahl der epigraphisch bezeugten Sklaven und Sklavinnen ist zwar nicht gerade gering, aber doch begrenzt. Dies ist auch nicht verwunderlich, bedenkt man, daß die Kosten für die Errichtung einer Votivstele nicht ganz unbeträchtlich gewesen sein dürften. Glücklicherweise stehen uns aber neben den epigraphischen auch literarische und archäologische Zeugnisse zur Verfügung, die uns die Zeichnung eines – wenn auch diffusen – Bildes der karthagischen Sklaverei ermöglichen, gerade auch, was den Umfang der Sklavenhaltung betrifft. Aus diesen Zeugnissen geht hervor, daß die Zahl der karthagischen Sklaven hoch war. Die größte Zahl der Sklaven scheint aufgrund von geglückten Piratenunternehmungen und infolge von siegreich geführten Kriegen ins Land gekommen zu sein. Einen Teil der Sklaven werden die Karthager auf den griechischen und italischen Märkten weiterverkauft haben – zu dieser Annahme berechtigt die Berücksichtigung der Praxis, die von den ostphoinikischen Vorfahren der Karthager geübt worden war. Die Sklaven befanden sich teils im Staatsbesitz, teils im Privatbesitz. Als Privatsklaven scheinen sie in den Haushalten, in den Manufakturen, in den Handelshäusern, auf den Handelsschiffen und insbesondere auf den Domänen beschäftigt gewesen zu sein. Ihre Lebensbedingungen dürften nicht allzu hart gewesen sein. Aus der Errichtung von Votivstelen ist zu ersehen, daß sie Privateigentum besaßen und zu den kultischen Handlungen zugelassen waren. Vor allem aber war es ihnen gestattet, eine rechtsgültige Ehe einzugehen. Die Freilassung von Sklaven erfolgte aufgrund privater oder staatlicher Initiative. Wie andere Staaten schenkte auch der karthagische Staat in Kriegszeiten gelegentlich Sklaven die Freiheit, um sie zu einem erhöhten Einsatz für die Sache Karthagos zu motivieren.

In Karthago wohnten aber auch zahlreiche Metoikoi („Übersiedler“) – und sie werden noch zahlreicher gewesen sein, als dies die spärlichen inschriftlichen und literarischen Zeugnisse vermuten lassen; denn die Metoikoi dürften – neben den Sklaven – die geringsten Spuren in der Überlieferung hinterlassen haben. Doch besitzen wir immerhin ein wertvolles Zeugnis des Diodoros, aus dem hervorgeht, daß es in Karthago bereits zu Beginn des 4. Jhs. eine nicht unbeträchtlich große griechische Kolonie gegeben hat. Die im Blick auf ihre Heimat epigraphisch faßbaren Metoikoi stammten allerdings alle aus dem punischen bzw. phoinikischen Raum. Doch werden sich auch unter den Männern und Frauen, die einen libyschen, griechischen oder lateinischen Namen trugen, Metoikoi befunden haben. In den Fällen des Hippokrates und des Epikydes, der Vertrauensleute des berühmten Hannibal, ist dies ausdrücklich bezeugt. Wie aus den Votivinschriften zu ersehen ist, integrierte sich ein Teil dieser Metoikoi, die aus ökonomischen oder politischen Gründen nach Karthago ausgewandert waren, nicht nur in das wirtschaftliche, sondern auch in das kulturelle und religiöse Leben der Stadt.

Was die Familien, die Keimzellen der karthagischen Gesellschaft, anbelangt, so ist zunächst darauf hinzuweisen, daß die Karthager eine monogame Ehe führten – jedenfalls ist aus keinem literarischen oder epigraphischen Zeugnis das Gegenteil zu ersehen. Die Frau scheint eine geachtete Stellung innegehabt zu haben. Dies mag u. a. aus der Tatsache erhellen, daß sich unter den Stiftern bzw. Stifterinnen der Votivstelen auffallend viele Frauen befanden. Die Kleinfamilie war in einen größeren Familienverband integriert, an dessen Spitze der 'dr špḥ, der Chef der Großfamilie, gestanden zu sein scheint.

VIII. Wissenschaft und Kunst

Die karthagische Wissenschaft wird für uns nur im Bereich der Literatur greifbar – sofern überhaupt; denn bedauerlicherweise ist keine einzige Zeile der punischen Literatur erhalten.

Die Texte der punischen Inschriften können kaum dem Bereich der Literatur zugerechnet werden, vom *Fahrtbericht* des Hanno und von Teilen der *Landwirtschaftslehre* des Mago besitzen wir nur griechische bzw. lateinische Versionen, und auch die punischen Passagen im *Punier* des Plautus sind kaum als originäre Dokumente der punischen Literatur anzusprechen.

Dennoch besteht kein Zweifel daran, daß es eine umfangreiche punische Literatur gegeben hat. Dies geht aus einer Bemerkung des Älteren Plinius hervor, nach der der römische Senat nach dem Untergang der Stadt den „Dynasten Afrikas", unter denen wohl in erster Linie, wenn nicht gar ausschließlich Micipsa, Gulussa und Mastanabal zu verstehen sind, die Bestände der karthagischen Bibliotheken, die vermutlich den Tempeln angegliedert gewesen waren, geschenkt hat.

Wenn wir auch keinen ausdrücklichen Beleg für die Existenz einer theologischen Literatur in Händen haben, dürfen wir doch annehmen, daß schon die frühesten Siedler ihre heiligen Bücher aus der Heimat mitgebracht haben. Jedenfalls bezeugen insbesondere die Ugarit-Texte, daß es in den phoinikischen Städten bereits in sehr früher Zeit mythologische Erzählungen gegeben hat.

Sicher ist, daß die Historiographie in Karthago beheimatet gewesen ist. Avienus spricht im Zusammenhang mit der Fahrt des Himilco ins nordwestliche Europa von „uralten Annalen der Punier". Es hat den Anschein, als habe innerhalb der karthagischen Historiographie die offiziöse oder offizielle Historiographie eine herausragende Rolle gespielt. Zu dieser Annahme könnte man jedenfalls – mit einem gewissen Vorbehalt – aufgrund der vom spätantiken Vergilius-Kommentator

Servius gebrauchten Wendungen „Geschichte der Punier" und „Punische Geschichte" gelangen.

Ob die geographische Literatur ein Eigendasein geführt hat oder mit der historiographischen Literatur in Verbindung gestanden ist, läßt sich aufgrund der dürftigen Hinweise, die uns zur Verfügung stehen, nicht sicher entscheiden. Wir wissen lediglich, daß sich der mauretanische König Iuba II. bei der Beschreibung der Nilquellen, die nach Mauretanien verlegt werden, auf „punische Bücher" gestützt hat.

Die agronomische Literatur stand in hoher Blüte. Mago, dem „Vater der Agronomie" (Columella), wurde die Ehre zuteil – so betrachtet diesen Vorgang jedenfalls der Ältere Plinius –, daß der römische Senat einer Kommission unter dem Vorsitz des D. Silanus die Aufgabe übertrug, die 28 Bände seines Werkes ins Lateinische zu übersetzen. Es war das einzige Werk der punischen Literatur, an dem das offizielle Rom Interesse zeigte.

Höchstwahrscheinlich – um nicht zu sagen: sicher – griffen die karthagischen Literaten Anregungen ihrer griechischen Kollegen auf. Diese Anregungen wurden vermutlich nicht nur in fachliterarischen Arbeiten wirksam – auch griechische und hellenistische Philosophie fand in Karthago Eingang: Die Pythagoreier Miltiades, Anthes, Hodios und Leokritos lehrten in der Stadt, und Hasdrubal/Kleitomachos, ein Schulhaupt der Neuen Akademie, war ein Sohn der Stadt. Übrigens verleugnete Hasdrubal/Kleitomachos in Athen seine Verbundenheit mit Karthago nicht. Hätte er seine Heimatstadt aus den Augen verloren, hätte er nicht nach der Zerstörung der Stadt eine *Trostschrift* an seine Mitbürger gerichtet.

Über die punische Literatur insgesamt ein Urteil zu fällen ist kaum möglich. Bemerkenswert ist aber immerhin ein Wort des Augustinus: „... in punischen Büchern sei, wie von sehr gelehrten Männern überliefert wird, vieles auf eine weise Art dem Gedächtnis anvertraut worden".

Ein berühmter Kenner der punischen Zivilisation (De Sanctis) behauptet: „Man kann wirklich nicht behaupten, daß eine karthagische Kunst je existiert hat; allzu sehr fehlte den punischen Händlern stets die Kühnheit und die Selbstverständlichkeit der Inspiration." Andere Fachleute äußern sich ähnlich. Besteht dieses Urteil zu Recht? Wer im Bann der griechischen Kunst steht, wird diesem Urteil weithin zustimmen. Wer sich von den ästhetischen Kategorien der griechischen Kunst frei zu machen sucht, wird vielleicht zu einem anderen Urteil kommen.

Die karthagische Architektur – insbesondere die karthagische Sakralarchitektur – hat nur geringe Spuren hinterlassen. Doch kennen wir – aufgrund von Grabungen der jüngsten Vergangenheit – nunmehr immerhin die Grundstruktur eines zentralen karthagischen Heiligtums. Außerdem dürfen wir wohl annehmen, daß zumindest die frühe karthagische Sakralarchitektur weitgehend der des phoinikischen Mutterlands entsprach, die ihrerseits – weniger in der Anlage als in der Gestaltung des Aufbaus – in hohem Maße von der ägyptischen Sakralarchitektur beeinflußt war. Besser sind wir über die Sakralarchitektur in den Provinzen orientiert, beispielsweise über die Architektur des an den Tofet von Monte Sirai anschließenden Tempels.

Vermutlich ist nicht nur der Jüngere Scipio, der Zerstörer der Stadt, daran schuld, daß wir über die Werke der karthagischen Großplastik so schlecht unterrichtet sind. Die Karthager selbst scheinen diesem Genre nicht allzuviel Interesse entgegengebracht zu haben. Natürlich gab es großplastische Arbeiten – wie beispielsweise die Kultstatue im Tempel des Reschep; die Zahl und vielleicht auch die Bedeutung dieser Arbeiten dürfte sich jedoch in Grenzen gehalten haben. Erst in hellenistischer Zeit scheint hier ein gewisser Wandel eingetreten zu sein, wie etwa die berühmten Sarkophag-Hochreliefs zeigen, die aus der Nekropole von Sainte-Monique stammen.

Terrakotta-Arbeiten wurden anscheinend in allen westphoinikischen bzw. punischen Zentren hergestellt. Sie standen weithin entweder in ostphoinikischen bzw. zyprischen oder in westgriechischen Traditionen. Ihr künstlerischer Wert ist unterschiedlich hoch. Die Terrakotta-Rundstatuetten, die als Votivgaben Verwendung fanden, sind von äußerster Einfachheit: Sie bestehen aus einer Rundform, dem Kopf, den Armen und den Geschlechtsmerkmalen. Gelegentlich sind sie mit schlichten Bemalungen versehen.

Wenn nicht alles täuscht, haben die karthagischen Künstler ihre größte Meisterschaft auf dem Gebiet der profanen und sakralen Kleinkunst entwickelt: bei der Herstellung von Münzen, Lampen, Elfenbeinarbeiten, Schmuckgegenständen, Siegeln, Anhängern, Amuletten, Amulettetuis, sog. Rasiermessern, bemalten Straußeneierschalen und Masken.

Die punische Kunst der verschiedenen Provinzen des Reichs ist ohne den lokalen Hintergrund nicht zu verstehen. Phoinikisches bzw. punisches Kunstverständnis hat sich einerseits weitgehend in Nordafrika, im karthagischen Herrschaftsbereich Siziliens, in Sardinien und im karthagischen Einflußgebiet Spaniens durchgesetzt, autochthone Kunstelemente sind andererseits in die punische Kunst eingedrungen und haben diese bis zu einem gewissen Grad verändert. Allerdings waren diese autochthonen Einflüsse nicht in allen Provinzen gleich stark.

Wie die phoinikische Kunst ließ sich auch die punische Kunst weitgehend von Anregungen fremder Kulturkreise bestimmen: von der Kunst des Vorderen Orients, Ägyptens und der griechischen bzw. hellenistischen Staaten.

IX. Religion

In die Welt der karthagischen Religion einzudringen, ist mit nicht geringen Schwierigkeiten verbunden. Aussagekräftige literarische Zeugnisse sind selten, die epigraphischen Zeugnisse befriedigen nur hinsichtlich ihrer Quantität, nicht – unter religionshistorischem Aspekt – hinsichtlich ihrer Qualität, und die monumentalen Zeugnisse sprechen oft keine eindeutige Sprache.

So kommt es, daß wir vielfach nicht in der Lage sind, über das Pantheon der Karthager, über ihre religiösen Vorstellungen, über ihre religiösen Verhaltensweisen, über die Organisation ihres Sakralwesens und über fremde Einflüsse auf ihre Religion hinreichend detaillierte und genügend fundierte Aussagen zu machen. Vor allem ist es uns – von einigen speziellen Gebieten abgesehen – fast unmöglich, ein Bild der Entwicklung der karthagischen Religion zu zeichnen. Die historische Wirklichkeit war sicherlich weitaus differenzierter als die folgende Skizze.

1. Das Pantheon

Das karthagische Pantheon war im wesentlichen ein phoinikisches Pantheon, entsprach aber nicht dessen tyrischer Ausprägung. Während in Tyros Milkart – nach seinem „Sieg" über Baal schamim – die bedeutendste Rolle in der Runde der Götter spielte, fiel ihm diese Rolle in Karthago – wie es scheint – nie zu.

Der bedeutendste Gott Karthagos war vielmehr allem Anschein nach der Baal schamim, der „Herr der Himmel", der m. E. auch an der Spitze des offiziellen Pantheons stand. Er scheint Züge des Gottes des Wetters getragen zu haben.

Unter dem Baal schamim standen noch andere Baalim, insbesondere Baal Hamon. Ihm allein wurden im 6. Jh. an der Stätte, an der ihn später seine Gefährtin Tinit überflügeln sollte, Opfer dargebracht.

Der Baal Sapon, der „Herr des (Berges) Sapon", ist – was Karthago betrifft – nur aus dem berühmten Marseiller Opfertarif bekannt. Seine Natur ist nicht eindeutig festzustellen. Während er in ugaritischer Zeit vor allem als Gott des Wetters und Garant der Fruchtbarkeit verehrt worden zu sein scheint, wurde er in punischer Zeit wohl insbesondere als Herr des Meeres und Patron der Schiffahrt betrachtet.

Seit dem Ende des 5. oder dem Beginn des 4. Jhs. begann sich im Umkreis von Salambo eine Göttin namens Tinit in den Vordergrund zu schieben. Der Grund ihres Aufstiegs ist in Dunkel gehüllt. Offensichtlich aber gab es damals priesterliche Kreise, die an einer Erweiterung des Kults des Baal Hamon interessiert waren. Sie führten eine neue Dedikationsformel ein, die über Jahrhunderte hinweg Gültigkeit behielt und die auf Tausenden von Stelen erhalten ist. In diesen Dedikationsformeln ist die Göttin als „Gesicht des Baal" bezeichnet. Wie auch immer diese Benennung zustande gekommen sein mag – wahrscheinlich ist doch, daß mit ihr eine äußerst enge Verbindung zwischen Baal und Tinit zum Ausdruck gebracht werden sollte. Der Charakter der Göttin war vielseitig: Sie scheint sowohl Jungfrau als auch Mutter gewesen zu sein; sie war zu einem großen Teil verantwortlich für die Fruchtbarkeit der Natur; sie hatte für den Schutz der Toten zu sorgen; in ihrer Eigenschaft als „Gesicht des Baal" wird sie zur Abwendung nationaler Katastrophen angerufen worden sein.

Ein weiteres bedeutsames Mitglied des karthagischen Pantheons war der Gott Eschmun, der in persona allerdings auf keiner der karthagischen Inschriften erscheint; nur Inschriften seiner Sklaven sind zufällig der Nachwelt erhalten geblieben. Doch haben Strabon und Appianos uns eine Vorstellung von der Bedeutung des Gottes im Leben der Stadt hinterlassen. Er scheint als städtischer Schutzgott und als privater Heilgott fungiert zu haben.

In der Nähe der Agora befand sich der Tempel eines Gottes, den die Griechen Apollon nannten. In diesem Tempel stand die goldene Statue des Gottes, die die Römer im Jahre 146 nach Rom schleppten und in der Nähe des Circus Maximus aufstellten. Dort sah sie noch Plutarchos, der sie als „den großen Apollon aus Karthago" bezeichnete. Mit hoher Wahrscheinlichkeit verbirgt sich hinter Apollon der phoinikische Wetter- und Kriegsgott Reschep.

Sieht man von einer späten Stelle ab, ist die karthagische Existenz des bedeutenden Gottes Milkart literarisch nicht bezeugt. Doch besteht aufgrund einiger archäologischer Zeugnisse und der epigraphisch belegten Tatsache, daß ein gewisser Abdmilkart Sklave des Tempels des Milkart gewesen ist, kein Zweifel daran, daß der Kult des Gottes in der Stadt existiert hat. Allerdings scheint in Karthago – wie auch anderswo – die ursprüngliche dynastische Facette im Bild des Gottes verblaßt zu sein. Doch blieb Milkart nach wie vor der „Herr von Tyros", als der er bereits in der ersten Hälfte des 1. Jts. die Herrschaft über die Bereiche der Fruchtbarkeit, der Prosperität, des Handels und der Expansion an sich gezogen hatte. Ein besonders enges Verhältnis zu diesem Gott hatte Hannibal.

Daß Poseidon zum karthagischen Pantheon zu rechnen ist, dürfte mit genügender Sicherheit aus den Schriften des Seefahrers Hanno, des Polybios und des Diodoros hervorgehen. (Der punische Name des Gottes läßt sich nicht sicher ermitteln.)

Aschtart spielte im ostphoinikischen Pantheon seit langer Zeit eine entscheidende Rolle. Daß sie auch in Karthago keineswegs ohne Bedeutung blieb, geht vor allem aus zwei karthagischen Weihinschriften hervor. Aus einer dieser beiden Inschriften läßt sich überdies ersehen, daß die Karthager Aschtart und Tinit deutlich geschieden haben. Doch ist nicht zu übersehen, daß beide Göttinnen einen Prozeß der Annäherung durchlaufen haben. Nicht nur ihre Accessoires wurden austauschbar, sie erhielten auch dieselben Ehrentitel – wie z. B. „Mutter" und „Herrin".

Das karthagische Pantheon umfaßte zahlreiche weitere Götter und Göttinnen – und wir müssen damit rechnen, daß uns nicht alle Mitglieder der karthagischen Götterversammlung bekannt sind. Vielfach sind aber auch die uns bekannten Namen nicht viel mehr als Schall und Rauch.

2. Die religiösen Vorstellungen

Die religiösen Vorstellungen der Karthager – Vorstellungen von den Göttern, den Geistern, dem Wesen und Leben des Menschen vor und nach dem Tod – sind nur teilweise aus der unvollkommenen Kenntnis des Götterhimmels, aus der vorsichtigen Berücksichtigung des Personennamenmaterials, aus den manchmal nicht sicher deutbaren archäologischen Funden und aus gelegentlichen Notizen antiker Autoren zu rekonstruieren.

Was die Götter anbelangt, so wurde bereits angedeutet, daß sie vor allem als Lenker der Welt, als Spender der Fruchtbarkeit und als Schützer des Menschen während des Lebens und nach dem Tod betrachtet worden sind.

Weitere Schlüsse sind aus dem karthagischen Personennamenmaterial zu ziehen, wenngleich zu beachten ist, daß die in vielen Namen umschriebene Funktion eines Gottes vermutlich durchaus nicht durchgängig von den Trägern dieser Namen oder doch von ihrer Umgebung in einem bewußten religiösen Akt bejaht worden ist – die Aussagekraft von Personennamen ist im Lauf der Zeit einem starken Abnützungsprozeß ausgesetzt. Der Gott ist in erster Linie Herr (ʼdn, ʼdnbʻl) – nicht ohne Grund tragen die meisten phoinikischen Götter den Namen bʻl, der ebenfalls „Gebieter" bedeutet. Doch ist dies nur einer der Aspekte des Gottes, andere kommen häufig in familiären Bezeichnungen zum Ausdruck – und dies wird vielfach übersehen: Der Gott bzw. die Göttin ist der Vater (ʼb, ʼbbʻl), die Mutter (ʼm, ʼmʻštrt), der Bruder (ʼḥ, Ḥmlk), die Schwester (ʼḥt, Ḥtmlk). Darüber hinaus versucht der Karthager, mit Begriffen aus dem nicht-persönlichen Bereich und mit diversen Aktionswörtern weitere Aspekte des Wesens des Gottes einzufangen – bei diesem Versuch blickt er gleichsam teils auf das Wesen des Gottes an sich, teils auf die dem Menschen zugewandte Seite des Gottes. Der Gott ist einerseits Licht (ʼr, ʼrmlk; nr, Bʻlnr), er ist vollkommen (tm, Tmbʻl), er ist erhaben (rm, Rmbʻl), er ist mächtig (ʼdr, ʼdrbʻl), er ist stark (ʼbr, ʼbrbʻl), er herrscht (mšl, Qrtmšl) und er ist andererseits Hilfe ('zr, 'zrb'l), Schutz ('z, 'ztnt) und Zelt ('hl, 'hlmlk). Das fürsorgliche Tun des Gottes am Menschen wird in vielen weiteren Wendungen gepriesen: der Gott hält (šmr, Šmrb'l), trägt ('ms, 'šmn'ms), hört (šm', B'lšm'), kennt (jd', Jd'mlk), gibt (jtn, Jtnb'l), fügt hinzu (jsp, B'ljsp), segnet (brk, Brkb'l; ṣlḥ, B'lṣlḥ), belohnt (šlm, Šlmb'l), sorgt vor (?) (šlk, B'lšlk), erinnert sich (skr, Skrb'l), rettet (ḥlṣ, Qrtḥlṣ), richtet (špṭ, Špṭb'l) und wird rächen (?) (ṣdq, Ṣpnjṣdq).

Diesen Aussagen, die aufgrund des Namenmaterials möglich sind, entsprechen zu einem Teil die ikonographischen Inhalte des archäologischen Materials. Auf den zumindest ursprünglichen Zusammenhang der karthagischen Götter mit den Gestirnen – und damit auf den Gedanken der strikten Überlegenheit – weisen die Darstellungen von Sonne, Mond und Sternen hin. Allerdings wissen wir nicht, wie stark diese Vorstellungen in historischer Zeit noch waren. Daß die Götter die Spender der Fruchtbarkeit sind, wird beispielsweise aus den Abbildungen von Palme, Palmzweig und Palmette, die sich auf vielen Stelen des 3. und 2. Jhs. finden, ersichtlich. Ein Symbol, das in gleicher Weise zu interpretieren ist, ist das des Granatapfelbaums bzw. des Granatapfels.

Doch neben den Göttern gab es Geister, die den Menschen Böses zuzufügen im Sinne hatten. Sie besaßen – soweit wir wissen – keine Namen. Ihrem Treiben war man aber nicht schutzlos ausgeliefert. Man konnte die Lebenden und die Toten mit verschiedenen Mitteln vor ihnen bewahren: die Lebenden durch Amulette und Unheil abhaltende Zeichen, die Toten durch Zimbeln, Glöckchen, mit schützenden Augen bemalte Straußeneierschalen und verschiedene andere Gegenstände. Es scheint, daß in diesem Bereich des karthagischen Glaubens vor allem spätägyptische Vorstellungen magischer Art eindrangen. So spielte denn auch insbesondere der ägyptische Gott Bes, der über Phoinikien nach Karthago eingewandert war, in diesem Reich der Amulette und Talismane eine wichtige Rolle.

Da es nicht möglich ist, vom Gott zu sprechen, ohne vom Menschen zu sprechen, war bereits bei der Darstellung der karthagischen Theologie im engeren Sinn implizit auch vom Menschen die Rede gewesen. Da der Gott der Herr ist, ist der Mensch der Sklave ('bd, 'bdmlqrt) bzw. die Sklavin ('mt, 'mtmlk), der Diener (mhr, Mhrb'l) (?). Er ist aber auch die Tochter (bt, Btb'l) oder jedenfalls der Schützling (gr, Grskn) des Gottes und befindet sich in der Hand des Gottes (bd, Bdmlqrt). Er ist weiterhin eine Gabe des Gottes (mtn, Mtnb'l), ja eine Gnade des Gottes (ḥnn, Ḥnb'l). Und es besteht sogar die Möglichkeit, daß der Gott der Anteil des Menschen ist (ḥlq, 'šmnḥlq).

Daß die Karthager von einem Leben nach dem Tod überzeugt waren, geht vielleicht schon aus der Art hervor, in der sie ihre Toten beisetzten. Wurden diese verbrannt, sammelte man sorgfältig den gesamten Leichenbrand in einer Urne und malte auf sie den Namen des Verstorbenen, um daran zu erinnern, daß das Schicksal des Inhalts der Urne vom pietätvollen Respekt der Lebenden abhängt. Wurden die Toten bestattet, gab man ihnen in früherer Zeit alltägliche, in späterer Zeit persönliche Gebrauchsgegenstände mit ins Grab. Gelegentlich wurde die Warnung „Nicht öffnen!" auf der Grabstele angebracht.

Aus dem archäologischen Material wird nicht völlig deutlich, ob es nach dem Glauben der Karthager verschiedene Aufenthaltsorte der Verstorbenen gegeben hat. War dies aber der Fall, dann fanden sicherlich die an einem bevorzugten Ort Aufnahme, die der Tinit und dem Baal als Opfergabe dargebracht worden waren. Eine große Zahl von Symbolen weist auf die Unsterblichkeit dieser Geopferten hin: Boote (?), Leitern, Waffen(?), Efeublätter, Lotusblüten, Lorbeergirlanden, Palmzweige, Palmen, Palmetten, Mohnkapseln, Weintrauben, Delphine, Frösche, Hähne (?), Uräen, Vögel mit Menschenköpfen und Sphingen.

3. Die religiösen Verhaltensweisen

Den theologischen Vorstellungen entsprachen die religiösen Verhaltensweisen gegenüber Göttern und Menschen. Das Ziel des religiösen Verhaltens der Karthager war es, die Gunst der Götter zu erlangen. Sie suchten dieses Ziel durch das Sprechen von Gebeten, durch die Darbringung von Opfern, durch die Beachtung kultischer Vorschriften und das Feiern von religiösen Festen zu erreichen.

Karthagische Gebetstexte sind zwar in großer Anzahl überliefert, beschränken sich aber fast durchgehend auf knappe, formelhafte Wendungen von der Art: „Mögest du hören seinen Ruf!"

Weiterhin sind in diesem Zusammenhang die „Gebete in Stein" zu berücksichtigen. Vor allem die Darstellung göttlicher Symbole auf den zahlreichen Stelen scheint nicht allein Ausdruck der Überzeugung vom Tun des Gottes, sondern auch Bitte um das Tun des Gottes zu sein: „die Beschwörung ... der göttlichen Gegenwart" (Hours-Miedan). In ähnlicher Weise sind die karthagischen Rundstatuetten, deren nähere Deutung allerdings umstritten ist, zu interpretieren. Sie sind Gestalt gewordene Bitten um Fruchtbarkeit.

Die materialisierten Gebete, die Opfer, spielten im kultischen Leben Karthagos eine zentrale Rolle. Unter den Opfern überragten die Darbringungen von Menschen die anderen Opfer an Bedeutung um ein Vielfaches. Es ist sicher, daß die Karthager den Brauch der Darbringung von Menschen von ihren ostphoinikischen Vorfahren übernommen haben. Zunächst wurden diese Opfer dem Baal Hamon allein, dann der Tinit und dem Baal Hamon gemeinsam dargebracht.

Die antiken Autoren vertreten die Meinung, daß die Karthager der Ansicht gewesen sind, zu bestimmten Zeiten seien Angehörige der Oberschicht verpflichtet, physisch fehlerlose, noch in zartem Alter stehende Söhne dem Gott bzw. der Göttin und dem Gott zu opfern.

Vielleicht gab es eine Zeit, in der diese Opfer regelmäßig jedes Jahr gefeiert wurden, während anderer Epochen wurden sie nur in Zeiten einer allgemeinen großen Gefahr, einer Hungersnot, einer Epidemie, eines Krieges dargebracht.

Der Vorgang des Opfers ist zwar nicht in allen Einzelheiten geklärt, steht aber in seinen Grundzügen fest. Das Opfer wurde mit hoher Wahrscheinlichkeit während der Nacht dargebracht, und zwar im heiligen Hain des Baal Hamon. Das Kind wurde nicht etwa lebend dem Feuer übergeben, sondern zunächst vom Priester „auf geheimnisvolle Weise" (Philon von Byblos) getötet.

Was aber war der Grund, der die Karthager bewog, diesen Versuch der Kontaktaufnahme mit dem Göttlichen nicht aufzugeben – einen Versuch, der nicht nur den aufgeklärten Römern der Kaiserzeit „eher ein Sakrileg als eine heilige Handlung" (Curtius) zu sein schien? Sie hielten an diesem Brauch fest, weil eine relativ bedeutende Gruppe – offensichtlich unter dem Einfluß konservativer priesterlicher Kreise – zäh die religiösen Traditionen des Orients bewahrte. Selbst die seit dem Ende des 5. Jhs. immer breiter einströmende griechische Theologie und Anthropologie vermochte hier keine völlige Wende herbeizuführen. Nach wie vor hielt sich die Überzeugung, die sich in Krisenzeiten in breitem Umfang Bahn brach, daß derartige Opfer zur Abwendung großer Gefahren notwendig seien, daß sie die Verzeihung der zürnenden Götter bewirkten, mit einem Wort: daß es nütze, „daß *ein* Mensch für das Volk stirbt, damit nicht die ganze Nation zugrunde geht" (Johannes).

Doch diente die Hingabe des Kostbarsten nicht allein der Abwendung bedrohlicher Ereignisse, sondern auch der Gewinnung von Segen und Fruchtbarkeit. Mehrere Symbole, die auf den Stelen des karthagischen Tofet angebracht sind, scheinen diesen Gedanken zum Ausdruck zu bringen: der Granatapfel, der Fisch, die Taube, die Maus, der Hase, der Stier und der Phlyake.

Neben den Menschenopfern und den Ersatzopfern für Menschenopfer gab es eine große Anzahl von Tier- und Pflanzenopfern, deren Art der Darbringung und deren Tarife anscheinend von Tempel zu Tempel differierten. Der berühmteste dieser in Stein geschlagenen Tarife wurde in Marseille gefunden, er scheint aber mit hoher Wahrscheinlichkeit ursprünglich in Karthago am Tempel des Baal Sapon angebracht gewesen zu sein. Die Opfertarife zeigen, daß der Um gang des Gläubigen mit den Göttern (und den Priestern) – jedenfalls im Bereich des Opferwesens – verhältnismäßig streng reglementiert gewesen ist.

Über die religiösen Feste sind wir nur sehr unzureichend informiert. Ihre Existenz steht aber außer Zweifel. Eine verstümmelte Inschrift enthält anscheinend Anordnungen, die bei der Darbringung verschiedener Opfergaben anläßlich eines Festes, das mindestens fünf Tage dauerte, zu beachten waren. In einer neupunischen Grabinschrift ist offensichtlich eine Priesterin erwähnt, die 18 Jahre lang „Chefin der Tänzerinnen" gewesen war. Es ist durchaus denkbar, daß es dieses Amt auch in karthagischen Tempeln gegeben hat. Plutarchos überliefert zwar nicht, daß bei den kultischen Feiern zu Ehren des Baal Hamon Tänzerinnen beteiligt waren, spricht aber vom Gebrauch von „Oboen" und „Handpauken", der ohne Tanz kaum denkbar ist. Außerdem ist auf einer karthagischen Grabstele die Abbildung einer Person erhalten, die eine Tänzerin zu sein scheint. Der kultische Tanz dürfte demnach in der karthagischen Liturgie eine nicht unbedeutende Rolle gespielt haben. Schließlich gehörten der Gebrauch von Feuer und Weihrauch und die Darbringung von Trankopfern zum festen Bestandteil kultischer Feiern.

4. Die Organisation des Sakralwesens

Die Leitung des karthagischen Sakralwesens lag anscheinend nicht in geistlicher Hand. Als zentrale Kontrollinstanz kommt vielmehr eher ein Ausschuß von zehn Männern in Betracht, der vom Senat gewählt worden sein dürfte: „die zehn Männer, die über die Heiligtümer gesetzt sind". Die Mitglieder dieses Ausschusses scheinen vor allem die Erbauung und Renovierung sakraler Gebäude und Monumente beaufsichtigt zu haben. Wir haben jedoch keinen Anhaltspunkt für die Annahme, daß sie in die Verhältnisse innerhalb der Tempelmauern hineinregierten. Ein anderer Ausschuß, „die dreißig Männer, die über die Tarife gesetzt sind", befaßte sich mit Dingen, die fast noch stärker die Lebensinteressen der Tempel berührten:

mit der Aufstellung der Tarife, die bei der Darbringung von Opfern einzuhalten waren. Es scheint, daß die Mitglieder dieses Ausschusses ihre Entscheidungen treffen konnten, ohne Rücksprache mit den Priesterschaften der Tempel nehmen zu müssen. Offensichtlich schufen die staatlichen Behörden zu einem großen Teil die Voraussetzungen für eine geordnete Durchführung der kultischen Handlungen. Im Inneren der Heiligtümer aber walteten die Priester, an deren Spitze jeweils ein Oberpriester stand, ihres Amtes. In manchen Tempeln wurden die kultischen Aufgaben von Frauen ausgeübt: von Priesterinnen und Oberpriesterinnen. Priester und Priesterinnen scheinen großenteils der sozialen Oberschicht angehört zu haben. Von einigen kultischen Funktionären kennen wir zwar den Titel, wissen aber nur teilweise, welche Aufgaben sie zu erfüllen hatten – es gab einen „Friseur des Gottes", einen „Anzünder" (der Lampen des Tempels?) und einen „Erwecker des Gottes". Zum Personal der Tempel gehörten außerdem anscheinend vielfach „Sklaven" und „Sklavinnen".

Neben den quasistaatlichen Kultgemeinschaften gab es Bruderschaften, die besondere religiöse Anliegen pflegten. Im Mittelpunkt ihrer regelmäßigen bzw. jährlichen Versammlungen standen anscheinend kultische Mahlzeiten. Die Bedeutung dieser Bruderschaften für das religiöse und soziale, vielleicht auch das politische Leben der Stadt war keinesfalls gering.

5. Die fremden Einflüsse

Aus den bisherigen Ausführungen geht hervor, daß die karthagische Religion im Wesentlichen an den Traditionen der phoinikischen Religion festgehalten hat. Doch sind in Randgebieten auch Einflüsse nichtphoinikischer Provenienz festzustellen. Inwieweit allerdings die zyprischen Einflüsse dazuzuzählen sind, ist eine schwer zu beantwortende Frage, da die zyprische Kultur selbst – seit etwa der ersten vorchristlichen Jahrtausendwende – zu einem beträchtlichen Teil von der Kultur des phoinikischen Festlands geprägt worden ist. Relativ bedeutend war der ägyptische Einfluß, der sich nicht nur in der Aufnahme ägyptischer Gottheiten (beispielsweise des Bes und der Isis) in das einheimische Pantheon, sondern auch in der Gestaltung der Cippi und Stelen der Frühzeit, bei der Herstellung kultischer Gegenstände (z. B. der sog. Rasiermesser und der Weihrauchaltäre) und nicht zuletzt im Bereich der Magie geltend machte. Doch darf nicht übersehen werden, daß ein großer Teil dieser Einflüsse nicht auf direkten Kontakten zwischen Ägypten und Karthago basierte – die Einflüsse Ägyptens waren vielmehr seit langer Zeit in Phoinikien wirksam gewesen; so hatte beispielsweise der Gott Bes bereits im 2. Jt. in Phoinikien Heimatrecht erhalten. Am ehesten noch dürfte der Gebrauch von Talismanen und Amuletten auf unmittelbare Verbindungen zwischen Ägypten und Karthago zurückgehen. Im Gegensatz zu manchen Forschern, die eine libysche Komponente in der karthagischen Religion erkennen wollen, bin ich der Meinung, daß für eine derartige Annahme nicht der Schatten eines Beweises zu erbringen ist. Eine solche Ansicht ist schon von vornherein unwahrscheinlich, stellt man in Rechnung, wie stark das kulturelle und politische Gefälle zwischen Karthagern und Libyern gewesen ist. Dagegen drang seit dem 4. Jh. griechisches Formempfinden in die religiöse Kunst Karthagos ein. Ob dieses kulturelle Vordringen des Griechentums – vor allem in hellenistischer Zeit – eine Aufweichung der traditionellen theologischen Anschauungen der Karthager nach sich gezogen hat, ist eine Frage, die nur schwer zu beantworten ist. Es scheint, daß ein Teil der Oberschicht den neuen Ideen durchaus aufgeschlossen gegenüberstand. Ein anderer Teil mag nur an der neuen Form Gefallen gefunden und den alten Inhalt unberührt gelassen haben. Aufs Ganze gesehen scheinen jedoch hellenistische religiöse Ideen nur einen begrenzten Kreis von Karthagern beeindruckt zu haben. Die breite Masse ließ sich wenn überhaupt von ausländischen, dann am ehesten noch von spätägyptischen magischen Vorstellungen leiten. „Die Substanz der punischen religiösen Vorstellungen blieb vom Einfluß der griechischen Glaubenswelt bis zum Untergang des karthagischen Staats im wesentlichen unberührt" (Hahn).

X. Ausblick

Mit der Zerstörung Karthagos und der Umwandlung des karthagischen Territoriums in die römische Provinz Africa verschwand ein Staat von der politischen Bildfläche, der jahrhundertelang zu einem erheblichen Teil die Geschicke des westlichen Mittelmeerraums gestaltet hatte. In den außerstaatlichen Bereichen lebte Karthago allerdings fort – „Karthago" verstanden als soziales, kulturelles und religiöses Phänomen. Und auch in seiner städtischen Existenz sollte Karthago nicht für immer ausgelöscht sein.

Den Grundstein zum Wiederaufbau der Stadt legte der Volkstribun C. Sempronius Gracchus, als er – wahrscheinlich im Jahre 122 – durch seinen Kollegen C. (?) Rubrius in der römischen Volksversammlung den Antrag stellen ließ, auf dem Boden Karthagos, neben dem verfluchten Grund der einstigen Rivalin, solle eine Kolonie unter dem Namen Colonia Iunonia Carthago gegründet werden. Die Popularen sollten nach dem Willen des Gracchus auf dem Boden Nordafrikas einen wichtigen Stützpunkt erhalten. Den optimatischen Gegnern des Volkstribunen gelang es im Jahre 121 jedoch – unter Zuhilfenahme von sakralrechtlichen Argumenten –, das bereits teilweise realisierte gracchanische Projekt zu Fall zu bringen. Allerdings waren auch in der folgenden Zeit Mitglieder einer Kommission tätig, die den italischen Kolonisten „karthagischen" Grund zuwiesen. Doch waren dies Persönlichkeiten, die zu den politischen Gegnern des Gracchus gehört hatten. Die gracchanischen Kolonisten aber blieben im Lande, wenngleich ihnen das Siedlungsland nur einzeln („viritim") zugeteilt worden war.

Sieht man von den quasikolonialen Gründungen des C. Marius auf numidischem Gebiet ab, kam erst wieder in caesarischer und augustischer Zeit – nach der Niederringung der Pompeianer und des numidischen Königs Iuba und der Konstituierung der Provinz Africa Nova – ein größerer Schub von italischen Siedlern ins Land. Erst jetzt setzte der Prozeß der „Romanisierung" in verstärktem Umfang ein. Von besonderer Bedeutung war, daß Caesar im Jahre 44 den alten gracchanischen Plan der Neugründung Karthagos aufgriff. Allerdings wurde die Colonia Iulia Karthago wahrscheinlich erst nach dem Tod des Dictators – jedoch noch im Laufe des Jahres 44 – deduziert. Im Jahre 40 oder 39 scheint sie dann zur Hauptstadt der neuen Provinz Africa erhoben worden zu sein. Im Jahre 29 siedelte Caesar der Sohn, der spätere Augustus, weitere 3000 Kolonisten in Karthago an und bezog anscheinend nunmehr auch das gesamte verfluchte Gebiet der punischen Stadt in die Kolonie ein. Damit war der Bann gebrochen und eine der wichtigsten Voraussetzungen für den Neuaufschwung der Stadt geschaffen. Und dieser Aufschwung war überwältigend. Die Kaiser Hadrianus, Antoninus Pius, Aurelius und Commodus widmeten ihr ihre besondere Aufmerksamkeit, und aus den Worten des Schriftstellers Apuleius ist zu ersehen, daß sie in der Mitte des 2. Jhs. n. Chr. eines der bedeutendsten Zentren des Reichs war. Unter den „afrikanischen" Severern schließlich erlebte das römische Karthago seine Blütezeit. Septimius Severus gab der Stadt – wie übrigens auch den Kolonien Leptis Magna und Utica – das ius Italicum, und Aurelius Antoninus (Caracalla) erweiterte ihren Namen zu Colonia Iulia Aurelia Antoniniana Karthago. Nach dem Zeugnis des Historikers Herodianos wurde Karthago zu dieser Zeit an Bedeutung nur von Rom übertroffen und stritt mit Alexandreia um den zweiten Platz. Und am Ende des 4. Jhs. n. Chr. nahm die alma Karthago nach einem Wort des Dichters Ausonius – nach Rom und unmittelbar nach Konstantinopel – den dritten Rang im Reich ein.

Als Geiserich, der König der Wandalen und Alanen, am 19. Oktober 439 n. Chr. Karthago besetzte, schlug er zwar eine neue Seite im Buch der Geschichte der Stadt auf, leitete aber keine Entwicklung ein, die zu einer wesentlichen Minderung ihrer Bedeutung geführt hätte.

Auch nachdem Belisarios, der General des oströmischen Kaisers Iustinianus I., den Wandalen die Herrschaft in Nordafrika entrissen hatte, spielte Karthago zunächst noch eine herausragende Rolle. Kriege, Aufstände und Seuchen bewirkten jedoch, daß die Bedeutung der Stadt trotz der Fürsorge, die Iustinianus ihr zuwandte, zurückging. Sicherlich hätte sie einen neuen Aufschwung genommen, wäre der Plan des Kaisers Herakleios, die Residenz von Konstantinopel nach Karthago zu verlegen, Wirklichkeit geworden. Die Widerstände, die sich in Konstantinopel regten, bewogen den Kaiser jedoch, diesen Plan aufzugeben (619 n. Chr.).

Das Schicksal Karthagos erfüllte sich schließlich, als Hassan ibn en-Noman el-Ghassani, der General des Kalifen Abd el-Melek, im Jahre 698 n. Chr. die Stadt endgültig eroberte – ein erstes Mal war die Stadt bereits im Jahre 695 n. Chr. besetzt worden – und von Grund auf zerstörte. Tunis, die alte Rivalin, übernahm fortan die Rolle Karthagos – und dies bis zum heutigen Tag.

Karthago war seit der gracchanischen Zeit ein Ort vornehmlich römischen Charakters. Doch waren die punischen Traditionen politischer Art keineswegs mit dem punischen Vorort untergegangen. Diese Traditionen hatten vielmehr im Hinterland der Stadt und darüber hinaus seit langer Zeit starke Wurzeln geschlagen, und diese Wurzeln wurden von den Römern weder nach dem Jahr 146 noch nach dem Jahr 46 noch in späterer Zeit ausgerissen. Besonders deutlich zeigt sich dies auf dem Gebiet der Administration, und hier vor allem auf dem Gebiet der städtischen Administration. In zahlreichen nordafrikanischen Städten standen auch in nachpunischer Zeit Sufeten an der Spitze der Verwaltung – ja es hat den Anschein, als hätten manche Städte erst in dieser Zeit eine punische Verwaltungsorganisation übernommen. In den Institutionen des senatus bzw. des ordo (Senat) und des populus bzw. der plebs (Volksversammlung) ehemals punischer und vielleicht auch numidischer Städte lebten punische Institutionen fort. Auch die Institution der portae („Tore"), der Unterabteilungen der plebs, scheint auf eine punische Institution zurückzuführen zu sein.

Eines der stärksten Zeugnisse der Vitalität der punischen Kultur ist das Fortleben der punischen Sprache in Nordafrika.

Vor allem aus den sog. lateinisch-libyschen Inschriften und aus mehreren augustinischen Texten ist zu ersehen, daß die punische Sprache – insbesondere bei den unteren Schichten und im Landesinneren – bis mindestens ins 5. nachchristliche Jahrhundert hinein als Alltagssprache Verwendung fand. Außerdem diente das Punische den numidischen und maurusischen Königen lange Zeit als Verwaltungssprache. Dies beweisen die punisch-numidischen Bilinguen offiziellen Charakters und die Münzen, die in der Zeit von Syphax bis Iuba I. Legenden in punischer bzw. neupunischer Schrift trugen; Legenden in lateinischer Schrift wurden zum ersten Mal bei Edelmetallprägungen Iubas I. verwendet. Auch als Literatursprache bestand das Punische eine Zeitlang fort – so verfaßte der numidische König Hiempsal II. ein Werk über die Geschichte Afrikas in punischer Sprache.

Inwieweit punisches Gedankengut in die Werke lateinisch oder griechisch schreibender Autoren Eingang gefunden hat, ist schwer zu beurteilen. Sicher ist nur, daß dem Werk des Agrarschriftstellers Mago eine weitreichende Wirkung beschieden war.

Auf dem Gebiet der Kunst hat Karthago – sieht man von gewissen numidischen Bereichen ab – kein bedeutendes Nachleben genuiner Art entfaltet. Dagegen war der punischen Religion eine kräftige Nachblüte beschieden. Baal Hamon triumphierte in der Gestalt des Saturnus – wenn auch nicht innerhalb der höchsten Schicht der Bevölkerung. Und auch der Einfluß der Priester und Priesterinnen der Tinit, die nunmehr den Namen Caelestis trug, scheint beträchtlich gewesen zu sein. Im übrigen läßt sich kaum leugnen, daß gewisse Theologumena der punischen Religion und die ihnen entsprechenden Verhaltensweisen in das afrikanische Christentum eingedrungen sind und eine bedeutende Fernwirkung erzielt haben.

Anhang

Literaturverzeichnis

Die moderne Literatur zum Thema „Karthago" ist zu einem beträchtlichen Teil in der Arbeit „W. Huß, Die Karthager, München ³2004" (S. 391–430) aufgelistet. Es dürfte daher genügen, hier nur einige grundlegende und umfassende Arbeiten zu erwähnen.

E. Acquaro (Hg.), *Alle soglie della classicità. Il Mediterraneo tra tradizione e innovazione*. Studi in onore di S. Moscati, 3 Bde., Pisa – Roma 1996.

W. Ameling, *Karthago*. Studien zu Militär, Staat und Gesellschaft (Vestigia 45), München 1993.

Auctores varii, *Dictionnaire de la civilisation phénicienne et punique*, Turnhout [1992].

P. Barceló, *Hannibal* (C. H. Beck Wissen), München ²2003.

G. Bunnens, *L'expansion phénicienne en Méditerranée*, Bruxelles – Rome 1979.

K. Christ, *Hannibal* (Gestalten d. Antike), Darmstadt [2003].

M. H. Fantar, *Carthage*. Approche d'une civilisation, 2 Bde., Tunis 1993.

K. Geus, *Studia Phoenicia 13*. Prosopographie der literarisch bezeugten Karthager (Orientalia Lovaniensia analecta 59), Leuven 1994.

K. Geus – K. Zimmermann (Hg.), *Studia Phoenicia 16*. Punica – Libyca – Ptolemaica. Festschrift für W. Huß (Orientalia Lovaniensia analecta 104), Leuven – Paris – Sterling Va. 2001.

S. Gsell, *Histoire ancienne de l'Afrique du Nord,* 8 Bde., Osnabrück 1972 bis 1979 (= Paris I ⁴1924; II ³1928; III ³1928; IV ²1929; V ²1929; VI ²1929; VII ²1930; VIII 1928).

W. Huß, *Geschichte der Karthager* (Handbuch d. Altertumswissenschaft III 8), München 1985.

W. Huß (Hg.), *Karthago* (Wege d. Forschung 654), Darmstadt 1992.

G. K. Jenkins – R. B. Lewis, *Carthaginian Gold and Electrum Coins*, London 1963.

Véronique Krings (Hg.), *La civilisation phénicienne et punique*. Manuel de recherche (Handbuch d. Orientalistik I 20), Leiden – New York – Köln 1995.

Véronique Krings, *Carthage et les Grecs c. 580–480 av. J.-C.* (Studies in the History and Culture of the Ancient Near East 13), Leiden – Boston – Köln 1998.

S. Lancel, *Carthage,* Paris 1992.

S. Lancel, *Hannibal*, übs. v. B. Schwibs, Düsseldorf – Zürich 1998.

E. Lipiński, *Studia Phoenicia 14*. Dieux et déesses de l'univers phénicien et punique (Orientalia Lovaniensia analecta 64), Leuven 1995.

O. Meltzer – U. Kahrstedt, *Geschichte der Karthager,* 3 Bde., New York 1975 (= Berlin 1879–1913).

S. Moscati, *Cartaginesi,* Milano 1982 (vorzügliche Abbildungen).

H. G. Niemeyer (Hg.), *Phönizier im Westen* (Madrider Beiträge 8), Mainz 1982.

G. Ch. u. Colette Picard, *Carthage.* A survey of Punic history and culture from its birth to the final tragedy, übs. v. Dominique Collon, London 1987.

J. Seibert, *Forschungen zu Hannibal,* Darmstadt 1993.

J. Seibert, *Hannibal,* Darmstadt 1993.

J. Vogt (Hg.), *Rom und Karthago,* Leipzig [1943].

B. H. Warmington, *Karthago,* übs. v. P. Baudisch, Wiesbaden ²1964.

Zeittafel

11. Jh. (?)	Beginn der phoinikischen Expansion
814/12 (?)	Gründung Karthagos
654/52	Gründung von Ebusos
573/72	Fall von Tyros
Mitte 6. Jh.	Kämpfe des Malchus auf Sizilien und Sardinien; Beginn der Kämpfe im libyschen Hinterland
2. Hälfte 6. Jh.	Ausbau des Staates durch Hanno den Sabeller
540 (?)	Schlacht gegen die Phokaier von Aleria
Ende 6. Jh.	karthagische Intervention zugunsten von Gades; karthagische Aktivitäten im Gebiet der Syrten; Kämpfe gegen Dorieus im westlichen Sizilien
Ende 6. Jh. (?)	Fahrt des Hanno nach Gabun; Fahrt des Himilco ins nordwestliche Europa
Ende 6. Jh./Anfang 5. Jh.	Kämpfe des Hasdrubal auf Sardinien; Kämpfe gegen die Phokaier von Massalia; etruskisch-punische Quasi-Bilingue von Pyrgoi
ca. 490–485	Kämpfe gegen Gelon von Gela
480	Sizilien-Feldzug des Hamilcar; Niederlage bei Himera
1. Hälfte 5. Jh.	1. Karthagisch-römischer Vertrag
410–405	Sizilien-Feldzüge des Hannibal und des Himilco
397–392	Sizilien-Feldzüge des Himilco und des Mago
382–374 oder 373	Sizilien-Feldzüge des Mago und des Himilco
368–362 (?)	Sizilien-Feldzug des Hanno
348	2. Karthagisch-römischer Vertrag
345–339 (?)	Kämpfe gegen Timoleon
343	3. Karthagisch-römischer Vertrag
342	Niederlage am Krimisos
332	Fall von Tyros
311–306	Kämpfe gegen Agathokles
306	4. Karthagisch-römischer Vertrag (sog. Philinos-Vertrag)
279/78	5. Karthagisch-römischer Vertrag
278–275	Kämpfe gegen Pyrrhos
264–241	1. Römischer Krieg
262	Niederlage bei Akragas
260	Niederlage bei Mylai
256	Niederlage bei Eknomon; Landung römischer Truppen in Afrika
255	Sieg bei Tynes

Register

SAGUNTUM

EBUSOS

KAP NAO

CARTHAGO NOVA

GADES

TINGIS

LIXOS

MOGADOR

KERNE

| 0 | 200 | 400 | 600 km |

5. Das karthagische Reich und sein Umfeld

Chr. Lange

125

Die Antike bei C. H. Beck
Eine Auswahl

Hartwin Brandt
Wird auch silbern mein Haar
Eine Geschichte des Alters in der Antike
2002. 302 Seiten mit 89 Abbildungen. Leinen

Eva Cancik-Kirschbaum
Die Assyrer
Geschichte, Gesellschaft, Kultur
2003. 128 Seiten mit 6 Abbildungen und 2 Karten. Paperback
(C. H. Beck Wissen in der Beck'schen Reihe Band 2328)

Karl Christ
Sulla
Eine römische Karriere
2. Auflage. 2003.
236 Seiten mit 12 Abbildungen und 4 Karten. Leinen

Dietz Otto Edzard
Geschichte Mesopotamiens
Von den Sumerern bis zu Alexander dem Großen
2004. Etwa 288 Seiten mit etwa 13 Abbildungen und 2 Karten
und einer farbigen Vorsatzkarte. Leinen
(Beck's Historische Bibliothek)

Hans-Joachim Gehrke
Kleine Geschichte der Antike
1999. 243 Seiten mit 124 Abbildungen,
davon 61 in Farbe sowie 3 Plänen
und 2 farbigen Karten als Vor- und Nachsatz. Gebunden

Volkert Haas
Babylonischer Liebesgarten
Erotik und Sexualität im Alten Orient
1999. 208 Seiten mit 10 Abbildungen und 1 Karte. Gebunden

Die Antike bei C. H. Beck
Eine Auswahl

Karl-Joachim Hölkeskamp
Elke Stein-Hölkeskamp (Hrsg.)
Von Romulus zu Augustus
Große Gestalten der römischen Republik
2000. 394 Seiten mit 4 Karten. Leinen

Niklas Holzberg
Applaus für Venus
Die 100 schönsten Liebesgedichte der Antike
2004. 173 Seiten mit 15 Abbildungen. Gebunden

Gustav Adolf Lehmann
Demosthenes von Athen
Ein Leben für die Freiheit
2004. Etwa 280 Seiten mit 6 Abbildungen
und 3 Karten. Gebunden

Leonhard Schumacher
Sklaverei in der Antike
Alltag und Schicksal der Unfreien
2001. 368 Seiten mit 146 Abbildungen. Leinen
(Beck's Archäologische Bibliothek)

Ulrich Sinn
Das antike Olympia
Götter, Spiel und Kunst
2004. 276 Seiten mit 85 Abbildungen und Karten. Leinen

Hildegard Temporini-Gräfin Vitzthum (Hrsg.)
Die Kaiserinnen Roms
Von Livia bis Theodora
2002. 543 Seiten mit 58 Abbildungen. Leinen

C.H.BECK ✛ WISSEN
in der Beck'schen Reihe

Zuletzt erschienen: